新々 文化祭企画読本

高文研＝編

高文研

装丁＝商業デザインセンター・松田礼一

☆――5冊目の『文化祭企画読本』刊行にあたって

高文研で最初に『文化祭企画読本』を出版したのは今から14年前（1986年）のことです。以来、続、続々、新と、計4冊の『文化祭企画読本』シリーズを刊行してきました。全国の高校文化祭を変えたといわれるこのシリーズの中身は、すべて全国の高校で取り組まれた高校生たちの汗と涙の結晶ともいえるものです。原稿の多くは、当社の発行する高校生と高校の先生方向け雑誌『ジュ・パンス』に応募されたものでした。

つづいて5冊目の『企画読本』を計画しながら、あっという間に7年の歳月が流れてしまいました。すでに応募くださっている原稿が気になりながら、刊行にこぎつけられなかったのは、学校5日制によってもたらされた行事削減の流れにさえぎられたからでした。これまでのように自主活動に時間を割けない状況が全国的に広がる中で、文化祭の取り組み原稿が次第に数少なくなっていったのです。

どんなテーマに挑戦するにせよ、文化祭の取り組みは高校生たちの中にたくさんのドラマを生んできました。その文化祭が衰弱していくとしたら……。しかし絶望は早すぎます。「どっこい文化祭は生きている！」そのことを7年ぶりに刊行するこの本がしっかりと伝えてくれることでしょう。

（2004年5月／高文研編集部）

もくじ

第1章　大阪の文化祭を歩く――〈写真と文〉詫磨　秀雄……9

《写真》＝校舎の壁面を飾る／観客を迎える門／屏風、看板、竜の頭／宣伝看板いろいろ／キャラクターがお出迎え／屋台のにぎわい／燃えよ、ソーラン／あっと驚く室内装飾／教室は大変身／華やかな天井飾り／琴の音が響く中庭

たくま先生の文化祭講座①　アイデアでこんなに生きる室内装飾

たくま先生の文化祭講座②　楽しいこと、おもしろいこと、デッカイことをやろう！

第2章　歓迎の門……39

ゴミ袋で作った巨大ドラえもん――兵庫・三木北高校２年８組

「鶴」をテーマに装飾係の挑戦――神奈川・鶴見高校「鶴陵祭」

悲劇に見舞われた仁王像完成――埼玉・市立大宮北高校「北高祭」実行委員会

バルーンアートで文化祭の門――兵庫・武庫荘高校２年２組

バルーンアート空飛ぶ動物園――神奈川・横須賀学院高校第１学年

- 紙コップで8㍍の長姫タワー——長野・飯田長姫高校「長姫祭」
- 校舎を彩る7千個の電球——山形・東根工業高校生徒会
- 高さ五㍍の「守礼門」と新札——神奈川・相武台高校「青陵祭」
- ミレニアム2000「守礼門」——東京・足立西高校3年5組
- ドラマだった女子クラスの守礼門作り——埼玉・川越総合高校3年4組
- 伝統に挑戦、シンボルは首里城——福島・安達東高校「翔高祭」

第3章　立体で大きいものづくり……65

- ペットボトルの巨大竜——三重・松阪高校2年5組
- 牛乳パック再利用の巨大トトロ——三重・松阪高校3年7組
- アルミ缶でドラえもんの立体像——長野・皐月高校「皐月祭」全校企画
- イラク戦争・犠牲者の顔と折り鶴——兵庫・尼崎小田高校2年2組
- 竹を骨材に赤い大提灯完成！——大阪・今宮工業高校機械科1年B組
- ピラミッド型モニュメント完成——神奈川・藤沢工科高校建設科3年2組
- 女の子だけでトトロに挑戦——和歌山商業高校3年／酒井香奈、佐々木美幸、清水香織
- 実物大のブロントサウルス——宮崎・宮崎南高校2年1組、西都商業高校3年E組

■真っ赤な照明に恐竜の骨格模型——岩手・一関商工（現一関学院）高校1年G組
■暗闇に光るトラのねぶた——埼玉・菖蒲高校インターアクト部
■「ピカチュウ」と「魔女の宅急便」——千葉・千葉大宮高校図書委員会
■巨大ドームに食パンアート——茨城・真壁高校「晨光祭」
■厳寒の夜空に飛んだ巨大紙風船——青森・弘前東工業高校2年G組
■工業高生の力が光る「急流滑り」——大阪・今宮工業高校機械科3年B組
■霜降る夜に七基のねぶた——福島・あさか開成高校定時制「星夜祭」

第4章　校内外を飾る壁画……99

■「平等院」を巨大日本画で描く——京都・立命館宇治高校第1学年
■映画の名場面をモザイク壁画——長崎・諫早東高校1年4組
■巨大ネット壁画「落ち穂拾い」——和歌山・新宮商業高校2年1組
■空き瓶を砕いて富嶽三十六景——兵庫・北摂三田高校2年5組
■折り鶴3万羽による巨大絵画——神奈川・津久井高校3年7組ほか
■折り鶴で「長崎・平和祈念像」——東京・江東商業高校商業科2年B組
■よみがえる牛乳パック大壁画——岐阜・中津川工業高校電子機械科

- 空き缶壁画「ルパン三世」——神奈川・大秦野高校2年A組
- 教室六面の巨大ステンドグラス——愛知・名古屋経済大学高蔵高校普通科1年桐組
- 3年生に贈る巨大モザイクアート——神奈川・川崎市立有馬中学校
- 石ころで作った巨大一万円札——愛知・名古屋市立菊里高校1年C組
- 42人で咲かせた巨大「ひまわり」——熊本・八代東高校2年3組

第5章　舞台発表——ダンス、演劇ほか……123

- 伝統の水泳部ラインダンス——東京・上野高校水泳部
- ラインダンスでクラスが一つに——愛知・津島東高校2年5組
- ソーラン節の魅力、学校を超えて——岐阜・多治見高校、多治見工業高校
- 歌舞伎『勧進帳』で最優秀賞——岡山・岡山工業高校デザイン科2年
- 創作時代劇『ロミジュリ平家物語』——東京・南多摩高校3年3組
- 英語劇『シンデレラ』の舞台——神奈川・港北高校英会話選択クラス
- 創作劇のテーマは「ダイエット」——岐阜・高山高校3年2組
- 手作りの三線で沖縄の島唄——埼玉・志木高校3年9組
- 『真夏の夜の夢』がくれた贈り物——東京・忠生高校3年3組

仮装とステンドグラスの美――北海道・滝川高校「滝高祭」

第6章　体験・調査・研究ほか

大空にはばたけ、3組の連凧――東京・福生高校3年3組
スリル満点の逆バンジー――愛知・豊橋工業高校機械科2年
破れた気球、ついに飛んだ!――兵庫・尼崎市立尼崎産業高校3年2組
阪神・淡路大震災展「小石の黙示録」――岩手・一戸高校2学年
パネル展「闇の動物たち」――愛知・安城学園高校1年13組
川に魚も泳ぐ「阿智の古代」風景――長野・阿智高校1年C組
環境に優しい石けん作り――兵庫・三木高校1年7組
押し花のしおりに植木鉢販売――秋田・五城目高校図書委員会
危機を乗り越え、流した涙――大阪・門真西高校文化祭
全校が感動を分かち合う後夜祭――長野・木曽高校「谷翔祭」
教室でヒヨコを育て「鳥の王国」――東京・農産高校2年2組

School cultural festival

第1章

大阪の文化祭を歩く

〔写真と文〕

詫磨《たくま》　秀雄

毎年9月になると、大阪府内の高校文化祭をビデオとカメラで追いつづけ、この7年間でのべ110校を越えました。多い時は1日で4、5校まわることもあります。きっかけは、自分の勤務する学校の文化祭企画講習会用に資料を集めたいと思ったことでした。

大阪の場合、本格演劇に取り組んでいる学校も多いのですが、その多く（のクラス）は1学期から準備を始め、夏休みも登校、基礎練習からしっかりと練習を積み重ねます。創り上げるまでの過程には予期せぬトラブルもあり、何度も話し合いを重ね、最後のふんばりで何とか完成にこぎつけるのです。その彼らがカーテンコールで見せる自信に満ちた態度と晴れやかな笑顔、すがすがしい涙。そんな高校生たちの姿を見て、思わず涙を流すことも幾度かありました。そんな演劇のドラマはカメラではとらえきれませんが、ここでは、歓迎の門から校舎の装飾、縁日のにぎわいや室内の飾り付けなど、大阪の高校生たちの工夫やがんばりのごく一端を、写真でお伝えしたいと思います。

（大阪・西淀川高校教諭　**詫磨　秀雄**）

▲そびえ立つ校舎に、色鮮やかな垂れ幕
入り口のネッシー（？）らしき巨大な
りぼては目の覚めるようなピンク色。
テージ以外に野外ステージ、中庭企画
あり、黒山の人だかり。銀河宇宙やジ
リワールドも楽しい。　（香里丘高校

校舎の壁面を飾る

◀等身大の美女のお出迎え。中・高合わせて21のクラブ発表。クラスの多くは飲食・模擬店。衛生面も行き届き、味も本格的。右の門柱には男の子の人形も。（梅花中・高校）

校舎の壁面を飾る

▲校舎屋上から垂れ幕。下半分は各クラスの宣伝、上半分は各クラスで１つの絵を分担し、並べると１つの壁画となり、全校企画も兼ねる。過去にはトムヤムクンやベトナム焼きそば、春雨などの東南アジアの料理を民族衣装を身にまとって出す模擬店も。最近は演劇の傾向も。　（東淀川高校・川高祭）

◀この年のテーマは「うちらの生き様みせたるわ!! 浪花っ子魂　大阪万歳☆」と威勢もよい。門は、大阪城と通天閣。暗くなると中に灯りがともる。垂れ幕の下半分は情緒あふれる大阪名物の数々をクラスごとに分担。（東淀川高校・川高祭）

▲校舎屋上から校門へスズランテープをはりめぐらす。青空にかかった虹の下をくぐった気分になる。玄関はベニヤ板で仕切って暗くし、電飾ライトのベルサイユ宮殿。幻想的な世界。ステージにはミュージカルや太鼓演奏など多彩な出し物。中庭では段ボールを敷き詰めたダンスの発表に黒山の人だかり。（少路高校）

◀ペットボトルのキャップにイベントカラーというペンキで色付け。色鮮やかなこの壁画をカラーでお見せできないのが残念。毎年ユニークな企画があり、多くの観客が訪れる。（春日丘高校・藤蔭祭）

◀電動モーターで鳥が羽ばたき、ルーレット占いと連動する仕掛けの巨大入場門。宣伝看板と垂れ幕は入場者に投票してもらうコンテスト形式。

▲演劇が伝統。３年生８クラスすべて舞台部門に。早くは４月から文化祭は演劇と決め、役の取り合いとなり、クラス内でオーディション。夏休みはお盆の３日間を休んだだけというクラスも。「火垂るの墓」「自由な空に――スパルタクスの反乱」など本格的な演劇が続き、圧巻は３年８組のミュージカル「キャッツ」。クラス演劇の域をはるかに越えており、体育館超満員の観客からは万雷の拍手。　　（このページ全て枚方高校）

校舎の壁面を飾る

◀演劇に多くのクラスが取り組む。「曽根崎心中」「ベルサイユのバラ」「ライオンキング」「アニー」などの劇も本格的で体育館は常に大入り満員。夏休みのほぼ毎日練習。垂れ幕と宣伝オブジェも凝っている。生徒の運営組織がしっかりしていて、各部門ごとにぶ厚い総括集が作成され、次年度に引き継がれる。（寝屋川高校・学園祭）

▲劇を演じ終えた後の記念撮影。衣装も凝っている。（寝屋川高校・学園祭）

観客を迎える門

▲大きな入場門。竹を割って骨組みを作り、紙を貼り、ペイント。さらに先にはお菓子の家も。頭部が回転する仕組みになっている巨大アンパンマンは力作。中庭模擬店ストリートはどの店も大にぎわい。

（野崎高校）

▶渡り廊下に各企画の垂れ幕がズラリ。中庭ではゲームやブラスバンドの演奏でにぎわう。最近は飲食店も軒を連ねるようになり、どの店も長蛇の列。お目当ての商品を手に入れるまで10～15分は並ぶ。（市岡高校）

▲ＵＳＪならぬＵＳＳ（ＳＥＮＲＩ）入場門（１年２組製作）。恐竜の頭が見事！
（千里高校・秋華祭）

◀毎年、喫茶店、飲食店のアイデアや装飾などにビックリ。大型製作物、ステージ、ビデオ、イベント・パフォーマンス、ゲームなど多彩な企画。左は高さ６ｍの太陽の塔。骨組みは竹、周囲は布。他に猫バスなども。（千里高校・秋華祭）

観客を迎える門

▲企画講習にも力を入れ、演劇や模擬店以外にもすぐれた企画が。人形劇「魔女の宅急便」は大阪弁のセリフでコミカルさを増し、観客をジブリの世界に釘付け。写真は校名にちなんだ不死鳥。　　（鳳高校・鳳高祭）

▶創立125周年を迎え、入場門にも力がこもる。あいにくの雨でビニールシートでカバー。宣伝はプラカードを作り、移動しながら呼びかける。チャペルでのハンドベル部の演奏は有名。　（梅花中学・高校）

◀白提灯に思い思いに色付けをするなどして各クラスの企画を紹介。（大谷高校）

屏風、看板、龍の頭

▲右から見るとスパイダーマン。左から見ると風神雷神という屏風。忠実に復元されていて、これだけ大きいと見る者も圧倒される。
（高槻中学・高校）

◀ピンク、薄紫、黄色など、カラー軍手に詰め物をした看板。指があちこち向き、ユニーク。他にアキ缶など、毎年工夫が見られる。
（今宮高校・今高祭）

▶龍踊りにでも使ったのだろうか、中庭に横たわる紅白の龍の頭。表情がイキイキとしていた。ステージに多くのクラスがエントリー。中庭ステージも超満員。
（旭高校）

宣伝看板いろいろ

▲宣伝看板プロムナード。23クラス中14クラスがステージにエントリー。全部門を合わせてのグランプリに演劇が選ばれると閉会式で再演が許される。３年生にとってはステージでグランプリを取ることが最高の勲章。タイ風喫茶、韓国料理、ベトナムレストランなど多彩。一日中いてもまわりきれないほど。
（花園高校・花高祭文化の部）

◀近松の世話物浄瑠璃「心中天網島」にカツラをかぶって挑

◀学校の地下室から戦時中にタイムスリップ。そこで少年と…。

◀宣伝看板もたんにペンキで色を塗るだけでなく、人形を取り付けるなどさまざまな工夫が。看板を見て歩くだけでも楽しくなる。
（写真左・下とも少路高校）

▼例年３年生はステージにエントリー。「眠れる森の美女」「天使にラブソングを」「人間になりたかった猫」「アイーダ」などミュージカルが多い。「ＣＡＴＳ」は前年の枚方高校に影響されたらしい。ステージ枠は決まっていて、３年生は代議員会で熱弁を。演目はクラス内で相当に話し合い、僅差で決まることも。　（牧野高校）

宣伝看板いろいろ

▲校内に入るとさまざまな宣伝看板。
（写真上２枚と右下・花園高校）

◀左２枚は富田林高校。この学校も３年は演劇に取り組む。歴史物というか時代劇が多い。監督、脚本、演出などもすべて生徒がやりきる。レベルの高いものにするためクラス内でオーディションで役決めをするクラスも。夏休みは演劇に明け暮れる。

キャラクターがお出迎え

▲右上・ドラえもん。タケコプターが電気で回る。（港高校）
▲左上・トトロ。（箕面高校）
◀左中・ドラえもんとドラミちゃん。（金光大阪高校）
▼左下・猫バス。（千里高校）

▲アンパンマン。胴体部に入れるようになっていて、頭部は回転する仕組み。（野崎高校）

屋台のにぎわい

▲模擬店と言えば、やっぱり大阪の粉文化。焼きそば、お好み焼き、たこ焼き、他にホットドック、たません も。焼き鳥は千本仕込んだ。アルバム業者のカメラマンも「これはたまらん！　仕事を忘れそう」と何本も。はじける女子学パワー！

（大阪女子学園高校）

▼石臼で餅つき。写真右はたこ焼き屋さん。

（写真下２枚は関西大学第一高校）

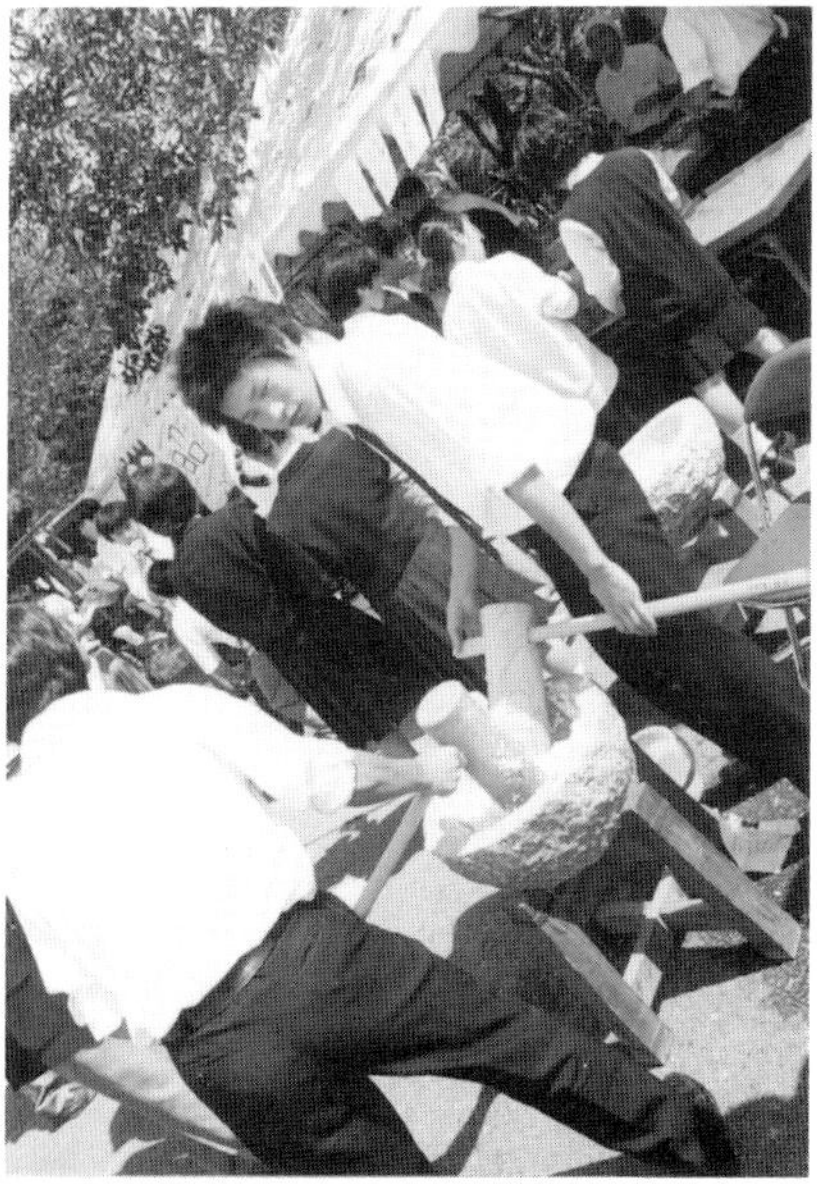

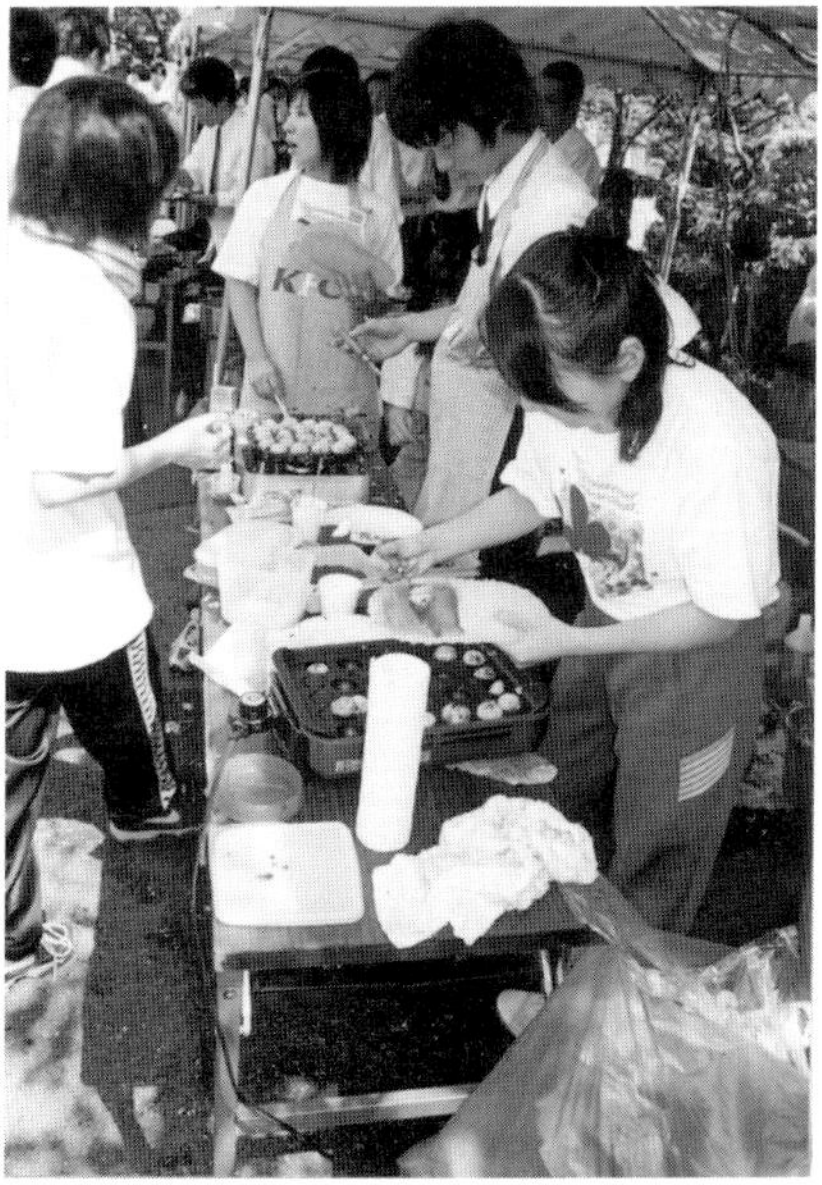

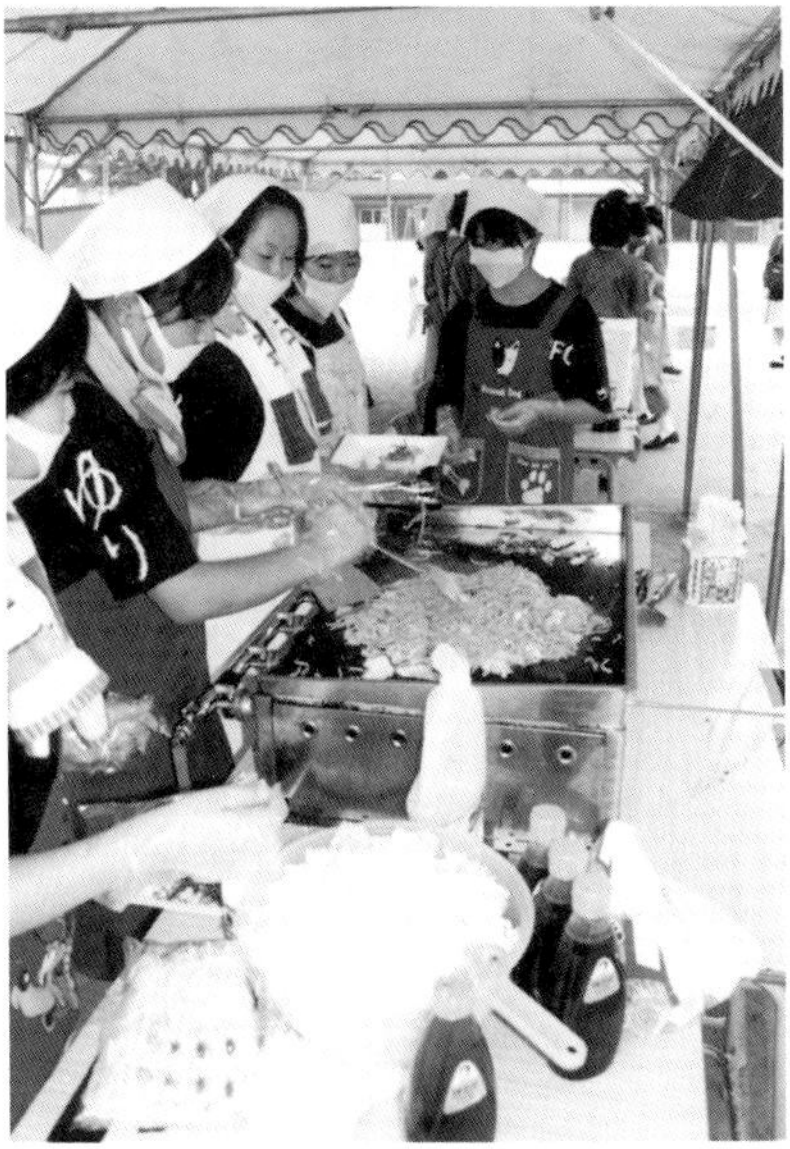

▶屋根にもさまざまな装飾をほどこしたテント屋台（写真上）。売り子さんが出前販売も。メーター百円という生地を探し出してきた手作り衣装。（大阪薫英女学院・薫英祭）

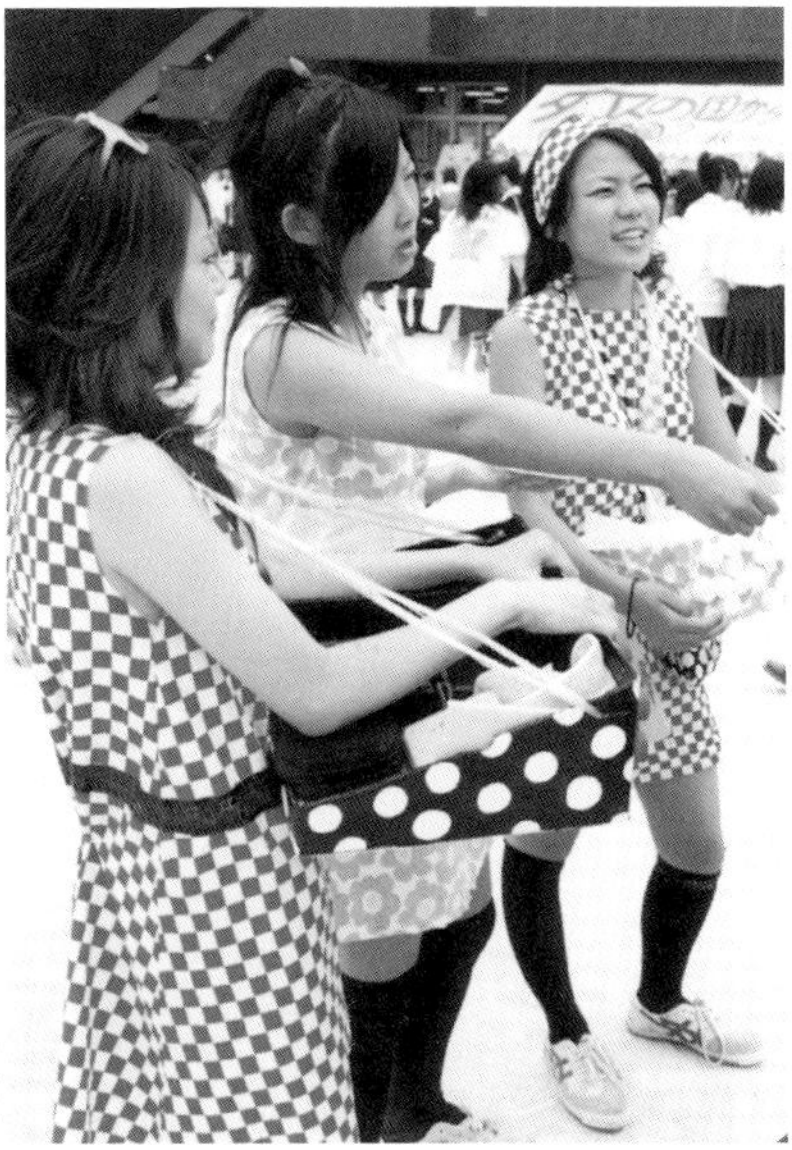

▶クラス全員がスカーフ、マスク、エプロン、手袋を着用。食中毒は絶対に出さないという姿勢が伝わってくる。本格的な調理に思わず舌鼓。（梅花中・高校。写真上も）

▲校舎に口の字に囲まれた中庭で大観衆を前にソーラン節を披露。練習に練習を重ね、力強く表現したいということからか企画名は「ソーラン筋」。中庭にかけ声が響きわたる。　（大手前高校）

◀演じ終えての記念撮影。つらかった練習も大拍手で吹き飛び、最高の笑顔！

燃えよ、ソーラン

▶飲食店屋台に取り囲まれた中庭で。ほとばしる汗とエネルギーに保護者や地域住民も大喝采。（今宮高校）

◀ソーラン節以外に和太鼓も。張りつめた緊張感と躍動感がたまらない。（同）

あっと驚く室内装飾

▲教室一面にほどこされた室内装飾。「これが教室か！」と目を見張る。３年生は毎年飲食店。ネーミングとマッチした室内装飾や衣装の数々。「ミネストローネの休日」では「真実の壁」や「幸せの泉」。パンとナチョスで店名が「パンチョスキッチン」。他に「シチューの国のアリス」も。写真上と左下は「虎の気まぐれ中華鍋」。右下の「南国ベイベー」では椰子の木も。（このページ、大阪薫英女学院・薫英祭）

▲「カリーポッターと賢者のパン」。魔法使いの衣装がかわいい。店内はレンガ模様の魔法学校。

教室は大変身

▲大きなネットは自分たちで編んだ。制限時間内に当たりの絵のついた風船をどれだけ見つけられるか。点数によって景品もさまざま。ほかに駄菓子屋では廊下に面した手動販売機も。金券を入れると冷たいペットボトルが出てくる。（春日丘高校・藤蔭祭）

◀模擬店「運命共同体」。テーマは「和と洋」。洋はエッフェル塔、和は五重の塔。一つの教室で二とおりの雰囲気が味わえる。（同）

教室は大変身

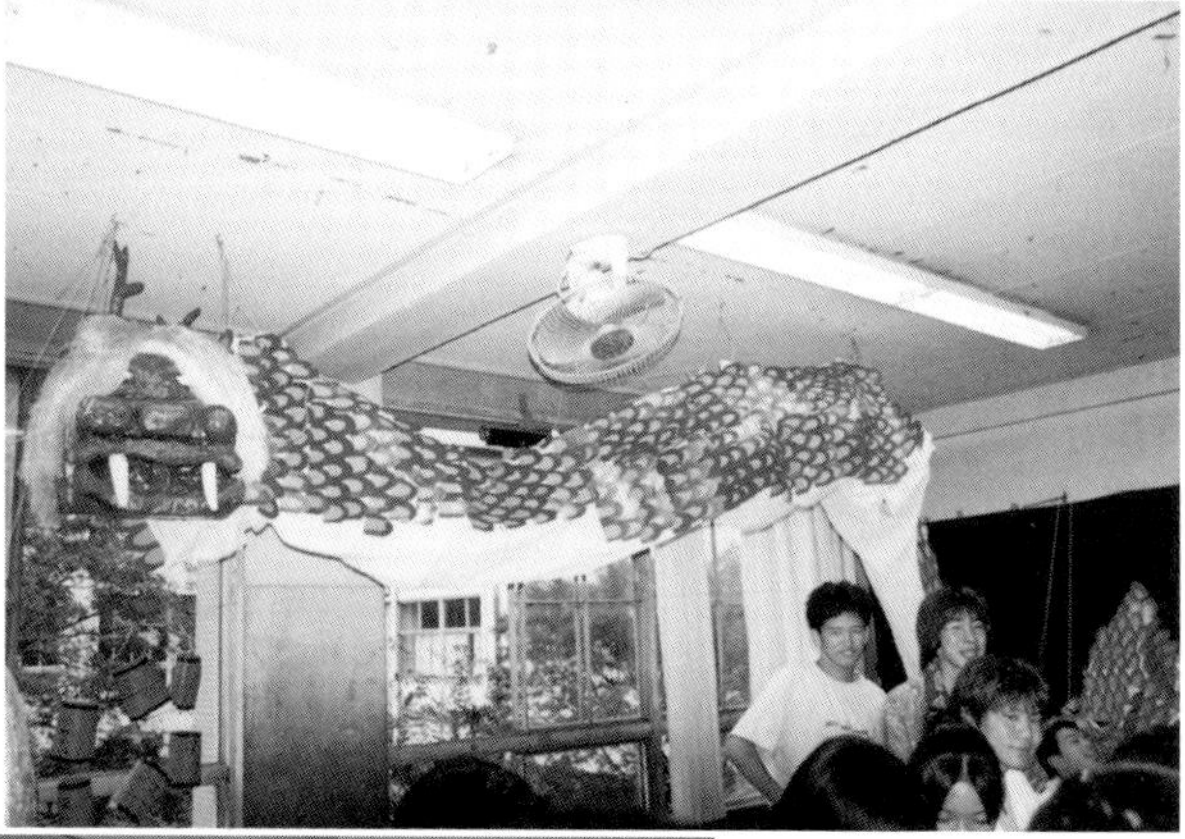

▲駄菓子屋。たんにお菓子を売るのではつまらない。龍を宙に泳がせたり、祭提灯をつってお祭り会場の雰囲気を出す。恐竜の骨の標本を教室の真ん中にすえつけた駄菓子屋も。売り子はギャートルズ風衣装。

（花園高校・花高祭）

◀手作りクッキーやドーナツなどでお菓子の家。壁、床には本当にこんなに食べたの？　と言いたくなるほどのお菓子のパッケージ。

（枚方高校）

華やかな天井飾り

▶教室の天井中央から両サイドに紙飾り。満天に輝く星のよう（下、左も）。（大阪成蹊女子高校）

◀天井一面に風船。ヘリウムがなくてもテープや画鋲で取り付ければよい（上、右も）。（同）

▲アートギャラリー「ファンタジー・ピカソのゲルニカ」。教室の窓に取りつけたステンドグラス。色を自分たちでつけたり、磨りガラスの雰囲気を出したりと工夫が見られる。製作過程の説明文も張り出す。 （東淀川高校・川高祭）

▼教室を暗くしてディズニーの「シンデレラ城」。ボール紙を丸めると円塔が簡単に表現できる。綿で雲を表現。ライトアップでさらにもりあげる。 （大阪成蹊女子高校）

▲中庭には茶道部と箏曲部。緋毛せんを敷いた
野点に琴の音が調和し、まさに日本庭園。
（桜塚高校。写真下も）

琴の音が響く中庭

たくま先生の文化祭講座①

アイデアでこんなに生きる室内装飾

「シチューの国のアリス」。ウエイトレス
かわいい手作り衣装。床は段ボールで白
黒の市松模様。（大阪薫英女学院・薫英祭）

▲レンガの塀にツタのからまる喫茶店。段ボールに着色してレンガ作りの雰囲気を出す。（千里高校・秋華祭）

▼ブルーと白と濃紺で装飾した階段。外来者の目を引く。（河南高校）

▲段ボールを着色してレンガ調に。少しの工夫で店の雰囲気もガラリと変わる。（西淀川高校）

たくま先生の文化祭講座②

楽しいこと、面白いこと、デッカイことをやろう!

大阪・西淀川高校教諭 詫磨 秀雄

▲巨大クリスマスツリー。ゲームに参加するとツリーにつるした景品が。

私が今の学校に赴任したのは9年前、そのはじめての文化祭はビックリの連続でした。文化祭3日前になっても放課後、誰もいない教室がいくつかある。それどころか前日になっても教室の机は整然と並んだままです。

「いったいどないなるんやろう? 明日は文化祭だというのに…」

そう思っていたら、当日の朝、ようやく教室から机が運び出されました。

「オッ! 男子生徒が下からワイワイと何か運んで来たぞ!」

と思ったらそれは、レンタルカラオケ機。それを教室の真ん中にドンと置き、「カラオケボックス」だというのです。あとは時間がくるまで、みんなでマイクを回しながらひたすら歌う。

別のクラスではフランクフルト屋。ソーセージを百本仕入れ、借りてきた鉄板の上でジュージュー焼きながら、「試食や」「試食や」と言いながらクラスの生徒がバーッと群がっている。40~50本は自分たちでペロリと平らげ(実はそれが彼らの朝食でもあったらしいが)、残りは他クラスの生徒たちが買いに来て、ものの10分でアッという間に売り切れ!

「うわあ、これはすごい企画やなあ」

と思ってたら、生徒らは、

「閉店! 片づけやーッ!」

片づけが終わると、あとは解散の時間までボーッとして待っている。

「はよう、ショート(HR)やろう、先生!」

朝の10時半くらいからそんな調子です。これじゃあというので、次の年から生活指導部生徒会係を希望し、指導に加わることにしたのでした。

企画はみんなに聞くな!

うちの学校の文化祭は11月です。大阪の文化祭は大半が9月中ですので、週末ごとにカメラとビデオを担いで、他校の

◀近くの保育所も招待。ちびっ子の目線におりて、心暖まるひととき。

▲ペットボトルで組み立てたリサイクル通天閣。イルミネーションも。サーチライトで下からライトアップ。

▼模造紙を何枚も貼り合わせてジャンボ折り鶴。折り込む時、破らないようにと大騒ぎ。

優れた企画、ユニークな企画を撮りだめして歩きました。

10月になると、部門別に企画講習会を開き、撮ってきたビデオや写真を生徒に見せました。それを見た生徒たちは、

「エーッ！　カッコええやん。うちらもあんなんやってみたい…」

こうなればしめたものです。私は文化委員たちを前にアジりました。

「クラス企画で何しようか話し合う時な、いきなりみんなに『意見ありませんか？』って聞くなよ。そんな聞き方、サイテーやで。やったらどうなるか言うたろか。『ハイ、綿菓子屋』『ハイ、金魚すくい』『ハイ、駄菓子屋』…4人目くらいから、綿菓子屋、金魚すくい、駄菓子屋…、もうそれしかでえへんようになる。

で、最後に多数決で綿菓子屋になったとする。しかしこんなんでは、さあ準備や！　言うてもだ〜れも手伝ってくれません。『みんなで決めたやんけ』言うても、最後に尻拭いさせられるのはきみらや！　どうせ尻拭いするんやったら、自分らのやりたいことやらな損やな。

クラスのプロジェクトチーム（実行委員）と担任の先生によう相談して、『僕ら、こんなんしたいんやけどどうですか?』って聞くんや。そんで文化委員2名とプロジェクトチーム6名、やる気のあるもんが少なくとも8名はできるわな。その8人が楽しそうにやってるとこに『ちょっと手伝うてくれへん』言うて、やる人間を1人ずつ増やすんや。わかったかあ?」

▲「今年を第1回文化祭と呼ぼう」と言われた年の三宅島太鼓。成功を喜ぶ太鼓メンバー。

企画の玉手箱を用意

うちの学校の場合、クラス予算は3万円です。ユニークな企画をやろうとすると、どうしても装飾などにもお金がかかってしまう。そこで、お金をかけずにハデに教室を飾り付ける方法を伝授します。

▼段ボールはスーパーやディスカウントショップに行くと、タダで大量にもらえる。

▼新聞紙は各人家から持ち寄る。のりは洗濯用水のり、1本百円のを水でうすめれば大量に用意できる。

▼絵の具、ペンキ類は生徒会室にストックされていたものを大放出。天井一面、窓一面に貼ってごらんと、アドバイスしました。

企画に悩んでいる担任には、私の方で幾つか「玉手箱」を用意しました。

（例えば、地域の太鼓サークルの方に指導をお願いして和太鼓に取り組む案。「ハッピは私が30着持ってます。洗濯して返してくれるならタダで貸します」など）

アイデアがなく、困っているクラスには「明日の昼休み15分、私の準備室に文化委員とプロジェクトチームをよこしてください。写真とビデオで入れ知恵します」と、これまた担任を通じて連絡。

そしていくつかのクラスには、私から意図的にテコ入れもしました。教室を回っていろんなことも教えました。その結果、劇、プラネタリウム、和太鼓、教室いっぱいに装飾を凝らした模擬店、街中のファーストフードのような飲食店…、意欲的な取り組みがたくさん生まれたのです。

中でも見事だったのはプラネタリウム。生徒らの努力のすごさに涙が出ました。

それまでも筏《いかだ》で淀川くだり、熱気球など、熱心な先生がいて、いい取り組みがあったのですが、ポコッ、ポコッと単発的で、次の年度につながらなかった。

しかし魅力的な企画が3つ、4つと出てくると、「あんなん、やってみたい」と、がんばり出す生徒が必ず出てきます。

その年、取り組みが終わった職員室はこんな会話で盛り上がりました。

「今年の文化祭はなかなかよかったね」

「うちのクラスの加藤がようがんばっ

▲教室一面にひろげたブルーシートを海にみたてて「お魚釣り」。磁石で釣りあげる仕組み。釣果に応じて景品がもらえる。

たよ」

「これぐらいやったら、よその学校に負けてへんのとちがう?」

「負けてへん！　負けてへん！」

「ひょっとしたら、上いってるんちゃう」

「そら、言いすぎやろ」

「ワッハッハッハー！」

中には「今年を第一回文化祭と呼ぼう！」と言う先生が出てきたりして、職員もその気になってくる。自信がついてくるんです。

生徒たちのすごいアイデア

やる気になると、生徒たちは次つぎすごいアイデアを出してきます。

例えばグランドで、ベニヤ板を何十枚と使ったパターゴルフ。コースが何コースもあって、ひと周りするのにものすごく時間がかかる。

▲「地球をかつごう！」。大きな地球儀をみこしにして、校内をねり歩く。

フェニックスがある中庭に巨大なクリスマスツリーを作ったクラスも（35ページ）。その木にプレゼントがいっぱいぶら下げてあるのですが、そのプレゼントをゲームをやった人にあげる。それもサンタさんの格好をした生徒が手渡してくれるので、子どもたちは大喜びです。

ペットボトルを組み立てて通天閣を作った取り組みもあります（36ページ）。ペットボトルの中にはイルミネーションになるように電飾ライトを入れてある。真っ暗になると、その電飾ライトがチカチカする。その通天閣を下からライトアップする。なかなかしゃれた企画でした。

さらにユニークだったのは、日本全国20万分の一パズル地図。段ボールを切って各都道府県の形を作る。それを全部組み合わせると、会議室いっぱいの日本地図ができるという仕掛けです。

というわけで、全国の生徒諸君！　そして先生たち！「うちの学校はダメだ」とか、「とてもムリだ」などと言わず、今年の文化祭こそ「でっかいこと」「楽しいこと」「面白いこと」をやって大いに楽しんでください。

School cultural festival

第2章

歓迎の門

ゴミ袋で作った巨大ドラえもん

兵庫・三木北高校2年8組

7月1日、文化祭2日目、一般公開の早朝、曇ってはいたが、風がピタッと止まっていた。ドラえもんをうまく展示するための第一条件は、晴れて風が無いことだ。

ゴミ袋で作った巨大ドラえもんは、大型扇風機の風を受けてどんどんふくらんでいった。クラスの誰もが予想していなかったくらい愛嬌があるかわいいドラえもんが、中庭の緑の芝生の上で頭を起こし、両手足を広げた。ふっ飛ぶくらいの出来映えで、これまでの苦労が輝いた。

▲一般公開の日、両手両足を広げ意気揚々のドラえもん。

2年8組では、8名の実行委員会を組織し、企画・実行をリードした。最初の案は「空飛ぶドラえもん」で、校舎と校舎の間にヒモを渡し、2メートルのドラえもんを飛んでいるように吊すというものだったが、生徒会から「落ちる心配はないのか」との意見があり、地上に置くことになった。

張りぼてにするか、空気を入れるかの議論があった。何しろ目立ちたがり屋の生徒たち、文化祭では大いに目立とうと意気投合、それにはゴミ袋をつなぎ合わせて空気を入れれば、大きなものが作れるということになった。

ゴミ袋からどのようにしてドラえもんを作るかは、手探り状態だった。大事なのはまず設計図。高さ25センチのぬいぐるみのドラえもんをモデルに、クラスを7班に分け、ドラえもんを7個のパーツ

▲ドラえもんがふくらんで、Ｖサインの２年８組。

に分けて、設計図を作ることにした。１班は後頭部、２班は手、３班は顔と前頭部…という具合に。

最初めざしたのは、モデルの36倍のドラえもんを作ること。しかし、いきなり36倍のものを作って、失敗したら取り返しがつかないので、５倍のものを作ることにした。

生徒は電卓を片手に、５倍の設計図を作った。ゴミ袋を切り開いたビニールから、設計図どおりの大きさを切り取り、セロテープでつなぎ合わせる。扇風機を使って風を送り込み、ふくらんだ時は拍手がわきおこった。

次は36倍だ。ゴミ袋を何十枚もつなぎ合わせ、36倍に計算した設計図を元に、各パーツを切り取る作業だ。しかし36倍はビニールがとてつもなく大きく、広げる場所の確保が難しかった。

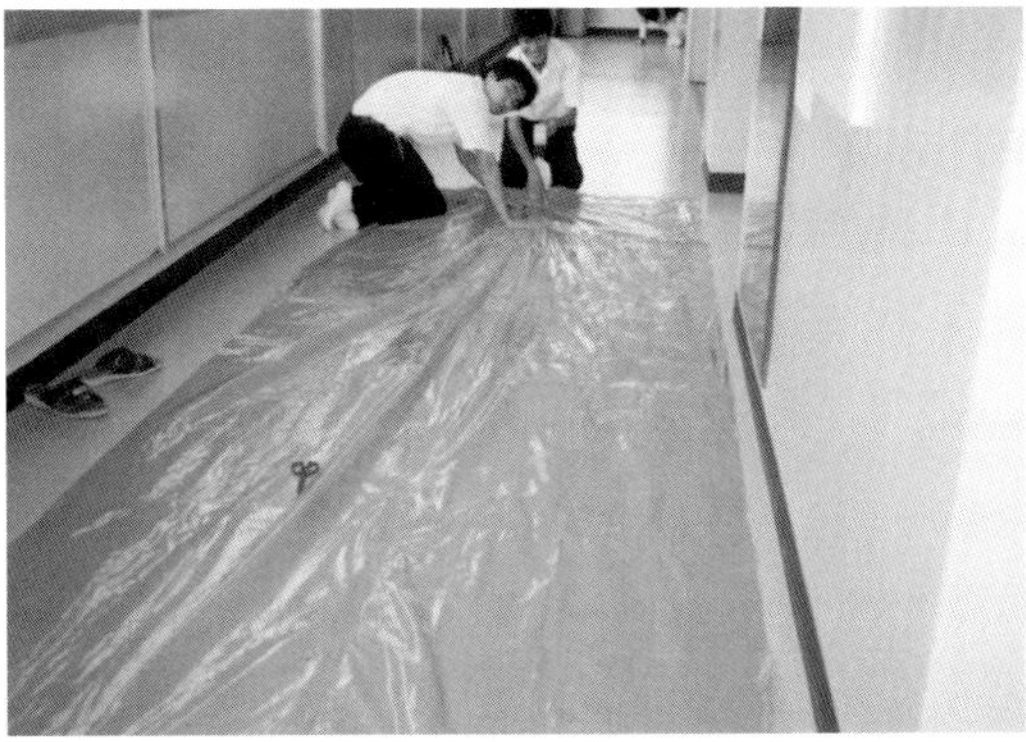

▲廊下でも広げると幅が足りず、他の場所へ移動。

文化祭の前日は、近くの公民館にクラス全員が移動して、何とか作業場所を確保した。準備の途中では、「間に合わない」「無理」という言葉が何度か出てきたが、クラス一丸の甲斐あって、文化祭前日の夜８時にやっと各班のパーツが一つにつなぎ合わされた。

最後は展示である。風で飛ばされないように、ドラえもんのおしりの底や足の中には大きな石や、水の入ったペットボトルを入れて重しをした。びっくりするくらい大きな石を何個も入れることによって、ドラえもんの浮力が何とか押さえられた。さらに頭が前のめりにならないように、頭のてっぺんや首に数本のヒモをつけ、校舎の間に渡して支えた。

クラスの一人ひとりの知恵と力で、展示は見事成功した。多くの先生や他クラスの生徒からの称賛の声に生徒は満足していた。

（教諭／山本　和美）

「鶴」をテーマに装飾係の挑戦

■■——神奈川・鶴見高校「鶴陵祭」

▲写真①30メートルの両翼を広げた鶴。バックは1500個の青い風船。（H12）

▼写真②紅白の折り鶴をドット文字に構成。（H５）

神奈川県立鶴見高校では毎年の文化祭で校名の「鶴見」にちなんで、「鶴」をテーマに装飾を作り、文化祭に花を添えようという試みが続いている。

例えば平成5年度は全クラスに折り紙を配布、全校生徒が折った折り鶴千羽をテグスで連結し、紅白で「鶴陵祭」というドット文字を作った（写真②）。

翌平成6年度は、各クラスに15センチ平方のベニヤ板を配布、その板に白、黒、

▶写真③向かい合う2羽の鶴。ベニヤ板に押捺し

ブルー、赤の水性ペンキで生徒一人一人の手形を押し回収。針金で連結して、二羽の向かい合う鶴を表現した（写真③）。

平成7年度はアルミホイルを素材に全校生に折り鶴を作ってもらい、その折り鶴を、ステンレスパイプと植木の支柱で骨格を作った鶴に細い針金で一羽ずつ取り付け、金属質の大型折り鶴を完成。反射効果を狙って、屋上の柵に固定した（写真④）。

▲写真④アルミホイルの折り鶴を一羽の鶴に構成。（Ｈ７）

▶写真⑤風が吹くと回るよう羽根を起こしたペットボトルを連結して構成。（Ｈ８）

さらに平成8年度は全校生に呼びかけ、約千個のペットボトルを収集。その一つひとつを、よく田畑で見かける風車様のペットボトルを参考に羽根を起こし、白、黒、赤に着色。風向きによって、大きく翼を広げた鶴が、その羽根を一斉に回転させるという見応えのあるものであった（写真⑤）。

そして、平成11年度は、素材は全校生徒９１４名で集めた牛乳パック４５００本である。この牛乳パックの3面をそれぞれ折りたたんで3種類の絵を描き、一枚の壁画が見る方向によってそれぞれ違う絵、3枚の絵になって現れるというものだ（写真次ページ）。

作り方は、まず牛乳パックの注ぎ口、底にあたる部分を切断、4面のみを残したものを1面を接続面としてホチキスで連続、2面を山型に立てた形にし（次ページ図①）ａ面のみが連続するように山型の部分を逆折りにして（図②）ゼムクリップで固定、そこに絵Aを描いていく。

次に、前段階（図①）に羽根を戻し、今度はすべての羽根を右倒しにしてクリッ

▲１枚目。中庭に入ると最初に目にとびこんでくるのがこの図柄。

▶２枚目。34の部活で活動する生徒群像。

▲３枚目。「羽を広げた二羽の鶴」に変身！

◀１枚の壁画に３枚の絵が！（H11）

牛乳パックの処理

図①

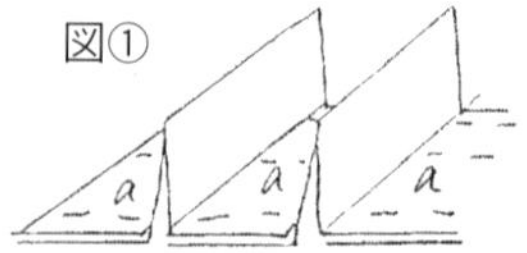

図②

プで固定、絵Bを描く。同様に、次は羽根を左倒しにし、絵Cを描く。

製作にあたるのは、文化祭実行委員会の装飾係の生徒たち15～20名。彼らは夏休み前から準備にかかり、毎日遅くまで居残り、休みの日も返上、長時間同じ姿勢に耐え、ペンキで手を汚しながらの奮闘である。

いよいよ設置当日、ザイルロープを壁画の5カ所に結び、屋上にはそれぞれのロープに5～6名の男子、下には布テープ・針金で次の段を取り付ける生徒が10数名一列に並び、一段ずつ引き上げながらの作業である。

▶写真⑥針金で骨を入れ、ニスで塗装した鶴を屋上から吊り降ろす。（H13）

10月2日、2カ月に及ぶ労作の壁画は、第31回鶴陵祭初日に全生徒に公開された。

入場者が中庭に入ると、最初に目に入るのは、青地に「第31回鶴陵祭」と、今回の文化祭テーマ「がんばれ俺」が白抜きで鮮やかに浮かび上がって見える。

移動し、正面まで来ると、同じ壁画が本校で活躍している34の部活動の生徒の絵に変わり、さらに中庭の奥まで入っていくと、今度は2羽の鶴が向き合って羽根を広げている姿が迫ってくる。一般生徒の中には壁画の前を、3つの図柄を見るために走っている者までいる。

第1日目は悪天候に見舞われ、公開終了間際一部破損、降下の止むなきに至ったが、第2日目、文化祭実行委員執行部の意向もあり、地上での展示となった。そんなアクシデントはあったものの、最後に、装飾係の生徒たちが組んだスクラムが印象的であった。

なお、平成12年度には、約10、000個のフィルムケースからなる30メートルの両翼を広げた鶴と、その背景には濃いブルーの1500個の風船のすだれ40列を配置（写真①42ページ）。

さらに平成13年度は――「鶴陵祭」の看板は、格子状の切れ目を入れたベニヤ板を利用し、見る角度によって文字が変わるよう工夫。鶴のオブジェは、使用済みカーテンおよびカーテン生地で鶴を折り、針金で骨を入れ、ニスで塗装したものを100羽弱、屋上からワイヤーで吊り降ろした（写真⑥）。

（教諭／三好　正人）

悲劇に見舞われた仁王像完成

■——埼玉・市立大宮北高校「北高祭」実行委員会

▲上半身落下という悲劇に見舞われた仁王像だが。

「去年以上の門を！」その志を胸に、集まってきた北高祭実行委員の外装班総勢23名が全員一致で決めたのは「雷門」。一昨年の「ブランデンブルグ門」、昨年の「凱旋門」と、西洋の門が続いたが、今年は日本の代表的な門、浅草の「雷門」に挑戦することになった。

夏休みに入ってすぐに、門の骨組みとなる三段の足場が業者によって組まれた。左右に備えつける像の本体のマネキンをレンタルし、正面入り口のシンボルとなる巨大提灯用の竹を用意し、必要な木材・ペンキなどすべて用意できた。

「さあ、いよいよ作業開始だ」と意気込んだものの、夏休み中ということもあり、なかなか班員が集まらない。生徒会の顧問で門担当の先生とため息をつく毎日。手分けして外装班のメンバー全員に電話をかけたりしたが、作業は遅々として進まず、途中で投げ出したくなることが何度もあった。

しかし、嘆いていても始まらない。とにかく今いるメンバーで、やる気のある者だけで、意地でも完成させてみせよう、ということになった。

まずはじめに、丸めた竹を針金でつなぎ合わせ、障子紙でコーティングし、赤いペンキを塗り、巨大提灯が完成した。その勢いで、門本体の外壁を作る作業に取りかかった。ベニヤにペンキを塗り、角材で組み立てた支柱に打ちつけていく。この一見単純に見える作業が、量が多かったために予想以上に時間がかかった。

◀浅草雷門全景。左右に仁王像、真ん中に提灯。

さらに、黒く塗った角材で屋根を支える横木を取りつけ、その上に黒く塗ったベニヤで屋根を取りつけた。一方、並行して、左右に飾る仁王像の製作も行なった。膨大な量の紙粘土で肉づけをしていく。美術全集を横に置いての作業だ。

夏休みも終わり、2学期に入ると、有志の数が増え、15人近くは常時、作業に関わるようになった。人数が増えると活気が出てきて、作業スピードも跳ね上がり、和気あいあいとした雰囲気の中、作業は進んだ。

そしてついに文化祭の2日前、門本体、仁王像が完成した。そして前日、仁王像設置の時がきた。門の正面の1・5メートルほどの左右のステージの上に設置するのである。

しかし、悲劇は最後に待っていた。僕のミスで左右逆に取りつけてしまい、それを直そうとして移動させた時、大量に使用した紙粘土の重さで、像の上半身が地面に落下、せっかく作った手足と腹部が砕けてしまったのである。

▶赤い巨大提灯を前に。提灯の真ん中には「謳」の文字。

僕らは呆然とした。しかしその時、仁王像を中心になって作っていたYさんがひと言。「大丈夫、間に合うから」と。そのひと言で僕の心はどんなに救われたことか。至急、紙粘土を買いに走り、その場にいた生徒全員で修復作業に取りかかり、何とかその日のうちに復元させることができた。

文化祭当日の朝を迎えた。入場開始と同時に、来客者は必ずこの「雷門」の前で足を止め、それどころか、門は道路に面しているため、道を行き交う人びとや車まで、この巨大な門に目を奪われている様子だった。

その光景を見て、「門作りに関わってよかった」とつくづく思った。そして何よりもみんなで一つのものを作り上げたという深い喜びを感じた。そして僕は思う。「北高祭がある限り、この喜びは続くだろう」と。

（北高祭実行委員会外装班班長／金子　哲也）

バルーンアートで文化祭の門

■――兵庫・武庫荘高校2年2組

2学期に行なわれた最大のイベント「文化祭」。その2カ月前、私たちのクラスでは出し物について話し合いました。舞台、模擬店、飲食店など思案する間もなく、先生の「みんなで何か作ろう！」というひと言に、クラス全員が賛成しました。それは、〝学校の顔〟とも言える校門をデコレーションすることでした。

これは毎年2年生の1クラスが担当するもので、文化祭に来られた人たちだけでなく、学校の近くに住んでいる方々にも楽しんでもらえるものです。とにかくみんなの記憶に残るような門を作ろうということで、いろいろ考えた結果、バルーンアートに決まりました。

しかし、作業は簡単には進みませんでした。想像のつかない数のバルーンの注文、土台の設計、限られた日数など、困難な点が多数あり、本当に出来るのかという不安が脳裏をよぎりました。

「やってみなわからん！」

そう言った先生を中心に、私たちはグループに分かれて仕事を分担しました。毎日、放課後残って、バルーンを結ぶ手が痛くなるまで作業をしました。

文化祭の前日、すべてのバルーンを取りつけ、完成した頃にはもう夜になっていました。完成した安心感と、明日の朝、バルーンが破れてしまってはいないだろうかという不安がありました。

文化祭当日、破れてはいなかったものの、ロープで校舎と校門をつないでいたスパイラルアーチが、台風の影響で校門から外れてしまっていました。

「せっかく完成したのに…」と落ち込んでいる暇もなく、修復作業が始まりました。外れたバルーンを残っている色で埋め合わせ、ロープで外れないようにくくりつけて、なんとか元の形に近いものに戻しました。

▶写真右ページは完成したアーチの前で記念撮影。ブルーの中に赤でクッキリ「ようこそ」の文字。
◀取り付け作業（左）。

トは、友達の大切さ、がんばることの意味、そして思い出の重さなど、目に見えない形で教えてくれました。私たちはバルーンアートに挑戦して、本当に良かったと思います。

（2年／**船越　千津子・友田　昌宏**）

周りの反応は予想していた以上に好評でした。私たちは完成するまでの苦労が何とも言えない喜びに変わるのを感じました。

不可能に見えることもやってみなくてはわからない。何もしないより、挑戦することに意味がある。あきらめずにがんばれば、何かをつかめる…。

今回、みんなで作り上げたバルーンアー

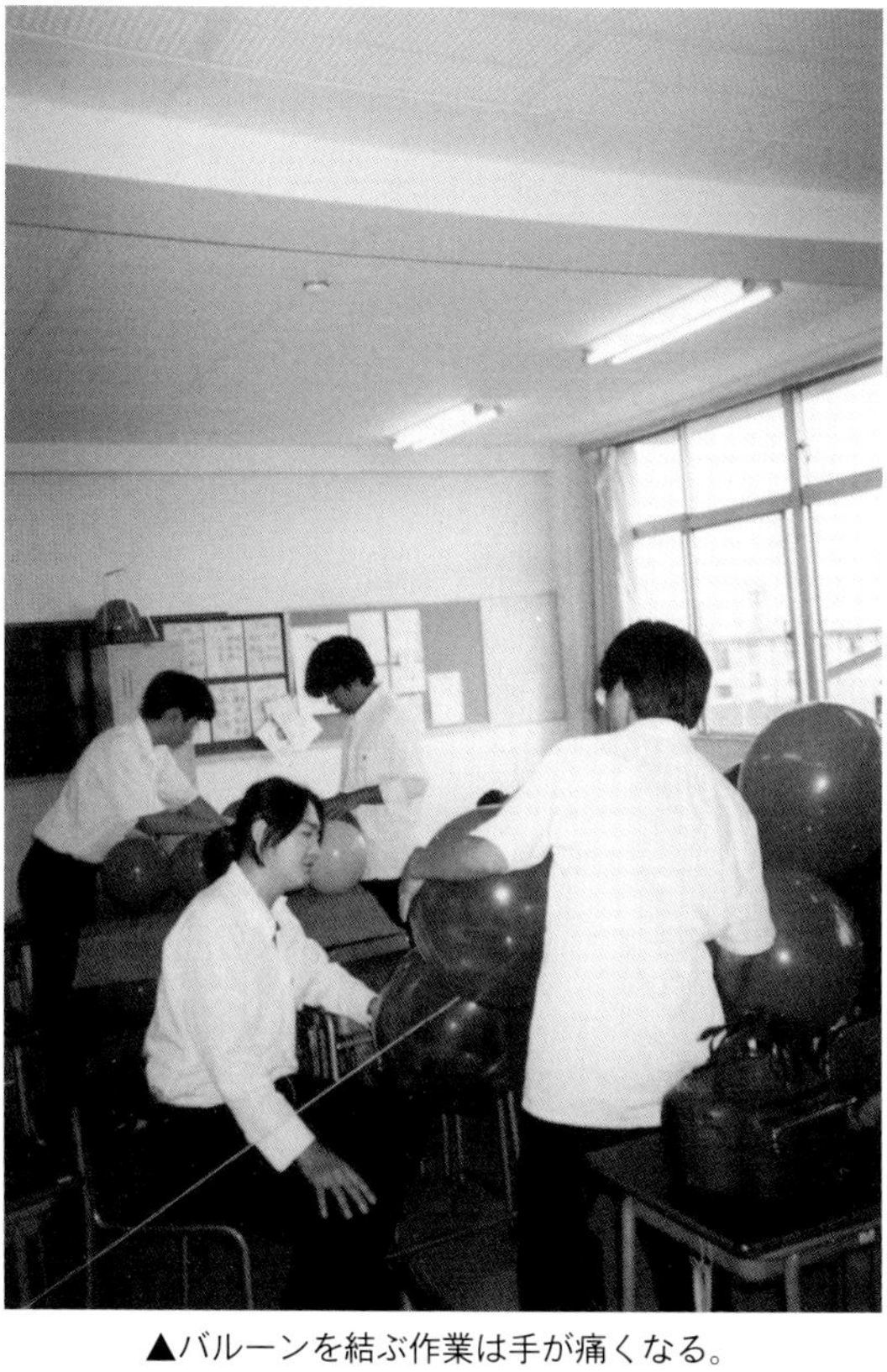

▲バルーンを結ぶ作業は手が痛くなる。

▲ついに完成、空飛ぶ動物たち。

バルーンアート空飛ぶ動物園

神奈川・横須賀学院高校第1学年

昨年は横須賀学院創立50周年。記念すべき年に「文化祭で新しい流れを作ろう」を合言葉に、学年全員の参加による「バルーンアート」に挑戦しました。

これまで本校の文化祭はクラス参加が中心で、学年参加の企画は全くなかったため、すべてゼロからの出発です。

実際の製作は、14クラスを2クラスずつのグループにして、7つの動物をバルーンで表現することとしました。製作した動物は、ライオン・ウサギ・クマ・パンダ・ペンギン・ゾウ・コアラ。

作り方については、全く知識がなかったので、インターネットを利用して情報を収集、幸いバルーンアートのプロの方に助言をいただける機会をもてましたが、こちらのイメージ通りに作ろうとすると、一体3万円くらいかかるとのこと。

しかし実際の予算はせいぜいその10分の一程度。したがって、枠組みは市販の太めの針金で、針金どうしのジョイントは布粘着テープを細長く切って使用し、また、針金の端は触れてバルーンが割れないように全部布テープで覆うという究極（？）の安上がり方法をとることにしました。一体あたりのバルーンは200〜300個使用することとしました。

枠組みはペアとなったクラスどうしで連絡をとりあいながら、放課後、クラス参加の準備と並行して進められました。そして、一般公開の前日、一斉にバルーンの膨らましと取り付けを行ないました。バルーンは当然、人力で膨らませました。

明けて当日、今にも降り出しそうな空模様と強い風。7時30分委員集合。動物たちをチャペル前まで運んだ後、ロープに針金でくくりつけました。

そして、ロープを校舎三階の非常階段の手すりとチャペル二階の窓枠に固定しようとしたのですが、そこで一大事！

7体の動物バルーンを吊したロープは想像をはるかに超える重さで、ロープを引っ

▲お披露目前日、７体の動物たちが柔道場に勢揃い（写真中）。

◀目がついて完成！　一体あたりに使ったバルーンは200～300個。

張ってもなかなか上がりません。あまりの重さに窓から落ちそうになりながら、下にいた生徒たちに援軍を求め、やっとの思いで何とか吊り上げて、ロープを固定することができました。

まさに感激の一瞬でした。７体の動物たちは誇らしげに、空を飛んでいるようでした。自ら企画してここまでやり遂げた生徒たちのパワーをあらためて確認した取り組みでした。

（教諭／落合　英明）

紙コップで8メートルの長姫タワー

――長野・飯田長姫《おさひめ》高校「長姫祭」

▲完成した高さ8メートル、重さ120キロの長姫タワー。

8月27～30日、第45回長姫祭。台風が近づきつつある不安の中で、今年の文化祭はスタートした。

昨年から始まった全校製作を今年は何にするか、役員会はもめた。クラスごとに布に1枚ずつ絵を描き、それを縫い合わせて大壁画にしよう、いや巨大タワーを作ろう。意見がぶつかり合い、どうしたらいいかわからなくなりそうだった。しかし、この対立もそれだけ力を入れたいというみんなの意欲の表われ、一時は内部崩壊するかと思うほどもめたものの、結果はタワーと決定した。

6月初旬、まずタワーのデザイン、設計、材料の確保。ゴミ削減の願いも込めて、素材は「紙コップ」に決まった。しかし、校内の自販機だけでは足りず、業者の方に、回収した使用済み紙コップを分けていただき、約1万2千個もの紙コップを集めた。

各クラスの新企画係を中心に紙コップを洗い、干して全校に配布。学年ごとに色を決め（赤、青、黄の3色）1人8～10個色を塗ってもらい、さらにメッセージ（「ずっと仲良しで」や、「文化祭成功させよう！」など）を書いてもらった。

その紙コップを、飲み口にあたる広い方を接着剤でくっつけ、2個1組とし（ここまでは全員の作業。1人4～5組を分担）、その底に穴をあけてひもを通し、つないでいく。

◀横８ｍ×縦６ｍ、今までで一番大きなアーチ。

夏休みに入ると組み立てが始まった。しかしなかなか思うように作業は進まず、遅れる一方だった。休みも終盤にさしかかると（長野県の夏休みは8月19日まで）、あまりの困難な作業に「建立できないのでは…」という不安に駆られて涙ぐむ人さえいた。でもなんとしても成功させたい！ その想いから生徒会役員も手伝い、急ピッチで作業は進められていった。

それとほぼ同じに進められていたのが毎年恒例のアーチ作りだ（写真上）。

わが校は商業、土木、建築の三つの科があり、毎年アーチは3年建築が作る。今年のアーチは力が入っていた。大掛かりな作業のため、夏休みは返上され、徹夜で行われる日さえあった。

▲オープニングの会場には2500個の風船。

8月26日文化祭前日、最終準備。校内はデパート課、軽食課を中心に各教室、廊下の装飾が進み、玄関前ではタワーの設置が始まっていた。

タワーは紙コップ1万2千個、高さ約8メートル、重さ約120キロ。これを校舎の3階と3階の柱に張ったロープに、車の馬力を使って吊し上げるのである。予想以上の重量に作業は難航したが、6時間後の午後7時過ぎ、無事建立した。

校門前でもアーチの仕上げが行われていた。絵を描いたベニヤ板も貼り付けてアーチを完成し、明日の本番を待った。

27日、開祭式&前夜祭。盛大なオープニング後、前夜祭のクラス発表の最中、突然連絡が入った。車がアーチに突っ込み、崩れたというのだ。3年建築は慌ててアーチに走った。確かにハリが折れてしまっていた。やりきれない想いで涙を浮かべる人もいた。しかしその涙をこらえ、元に戻す作業がすぐ始められた。

一般公開は土曜、日曜の2日間。アー

チをくぐって校内に入ると、真っ先に目につくのは「長姫タワー」だ。

　屋台では焼きそば、豚汁、かき氷、ポテトなど、にぎやかな呼び込み。

　例年地域の人たちに好評の「長姫デパート」は、今年は格技室を使って、スーパーマーケット方式にした。野菜、切り花、鉢植え、果物…、これらは商業科が実習を兼ねて、地域の人たちからただで分けてもらったり、格安で仕入れてきたものだ。そして最大の目玉は建築科の木工細工。夕涼みの縁台や写真立て、ペン入れ等など、どれも苦心の力作だ。

　30日、後夜祭&閉祭式。タワーに火がついた。4日間のための3カ月間、3カ月間のための4日間。さまざまな想いが頭をよぎり、みんな泣いていた。

　「予感」は「確信」になった。基本方針の「POWER」通り、全校のパワーで作られた今年の文化祭は終わった。同時に激しく、短い夏も終わった。でもこの4日間は、私たちの中に永遠に忘れることのない宝物を残していってくれた。


（生徒会書記／宮沢　鈴香）

▲仕入れから販売まで生徒が行う長姫デパート。

▲アーチの裏側は「また来年」のメッセージ。

▲閉祭式の最後は花火文字で幕閉め。

校舎を彩る7千個の電球

■──山形・東根工業高校生徒会

1999年の東工祭の目玉として生徒会が計画したのは、校舎を電球で飾りつけるイルミネーションだった。原案が決定した後、実際に寸法を計ってみると、合計で300メートル必要である。

そんな中、①電飾に使う電球はどうするか、②ブレーカーは落ちないか、③コンセントは足りるか、④明るさは十分かなど、いろいろな問題が浮上してきた。しかし毎晩遅くまで先輩と話し合ったり、先生に協力していただく中で――、

①電球は明るくないので、束ねて明るくする。そのため300メートルの約3倍900メートルを買う。②ブレーカーは規定値以内なので大丈夫。③コンセントは電球を買った残りの予算で延長コードを買うということで決着。

注文して3日後、電飾用の電球が届いたので、それを2、3本まとめて束ねる作業をした。作業は2年2組の協力もありスムーズに片づいた。その後、束ねた電球を校舎に取り付ける作業をして、とうとう原案通りの飾り付けが終了した。

残るは、全部の電線をコンセントにつなげることだった。延長コードをつなげていき、2階から順々にコンセントを差し込んでいった。2階から4階まで差し込み終わり、上から見ると、7千個の電球が光って校舎を彩っていた。

外に出て眺めていると、下校途中のみんなも「きれい!」「いつの間に!」と皆驚きの声。学校近くの道路を走る車の運転手たちも次々と振り返っていた。そういうみんなを見ると、目玉企画の電飾は成功したんだなと、充実感でいっぱいだった。

(電子制御科2年/長瀬　隆之)

▲完成した「守礼門」と「青陵祭」の文字が浮き上がる２千円札。

高さ五メートルの「守礼門」と新札

神奈川・相武台高校「青陵祭」

今年で20周年目を迎えた青陵祭はちょうどミレニアムの２０００年とあって「20」に関わったものというテーマを生徒会が提案。学校全体で考えた結果が、新札の「2千円札」と、そこに描かれている「守礼門《しゅれいのもん》」に決定した。

守礼門の高さは5メートル、長さは10メートル。それに要した牛乳パックは１２００個、アルミ缶３０００個と、大規模な作業だった。

この製作には多くの先生方や1年1組、バドミントン部、生徒会などが協力、９月9、10日までになんとか完成した。

牛乳パックは7月の後半から集め始めたが、なかなか数が集まらず、地域の人たちにも協力してもらい、なんとか１２０００個集めることができた。

しかし今度はこの牛乳パックを10個組み合わせて、釣り糸で縫い合わせ、ガムテープで補強するため、1キッズ作るのになんと1時間以上もかかった。これを１２０キッズも作るのである。

夏休みを利用して、少しずつ作り上げたが、人数が足りず、時間との闘いであった。しかしクラスの団結と協力のおかげで、休み明けにはやっと１２０キッズ作り上げた。

新学期が始まってからは、もっと時間との闘いがきつくなり、放課後も有志たちが毎日遅くまで準備に残った。

クライマックスは1日がかりで、直径5センチの単管を組み立て、5メートルの高さに屋根を取り付ける作業であった。やっとの思いで完成した「守礼門」を見て、「すごーい！」と歓声があがった。

「2千円札」の方は、できるだけ本物に近い雰囲気を出そうと、ペンキで色を付けたのだが、最初明るくなりすぎ、次に、グラデーションをつけることにより、「青陵祭」の字が浮き上がり、好評だった。この製作も夏休みの猛暑の中、夜遅くまでの作業だった。

　文化祭当日、「守礼門」が掲載された新聞と本物とを照らし合わせて見ていた人や、「守礼門」の前で記念写真を撮っていた人など、見物者に「あっ！」と言わせるほど良い出来映えだった。

　これだけのことができたのも、3年前の先輩たちの苦労と、今年のグレードアップした工夫が結びついた結果だと思う。このことにより、いっそうクラスの団結を強め、つらかった夏休みも喜びで吹き飛んだようである。


（1年／菊地　諭）

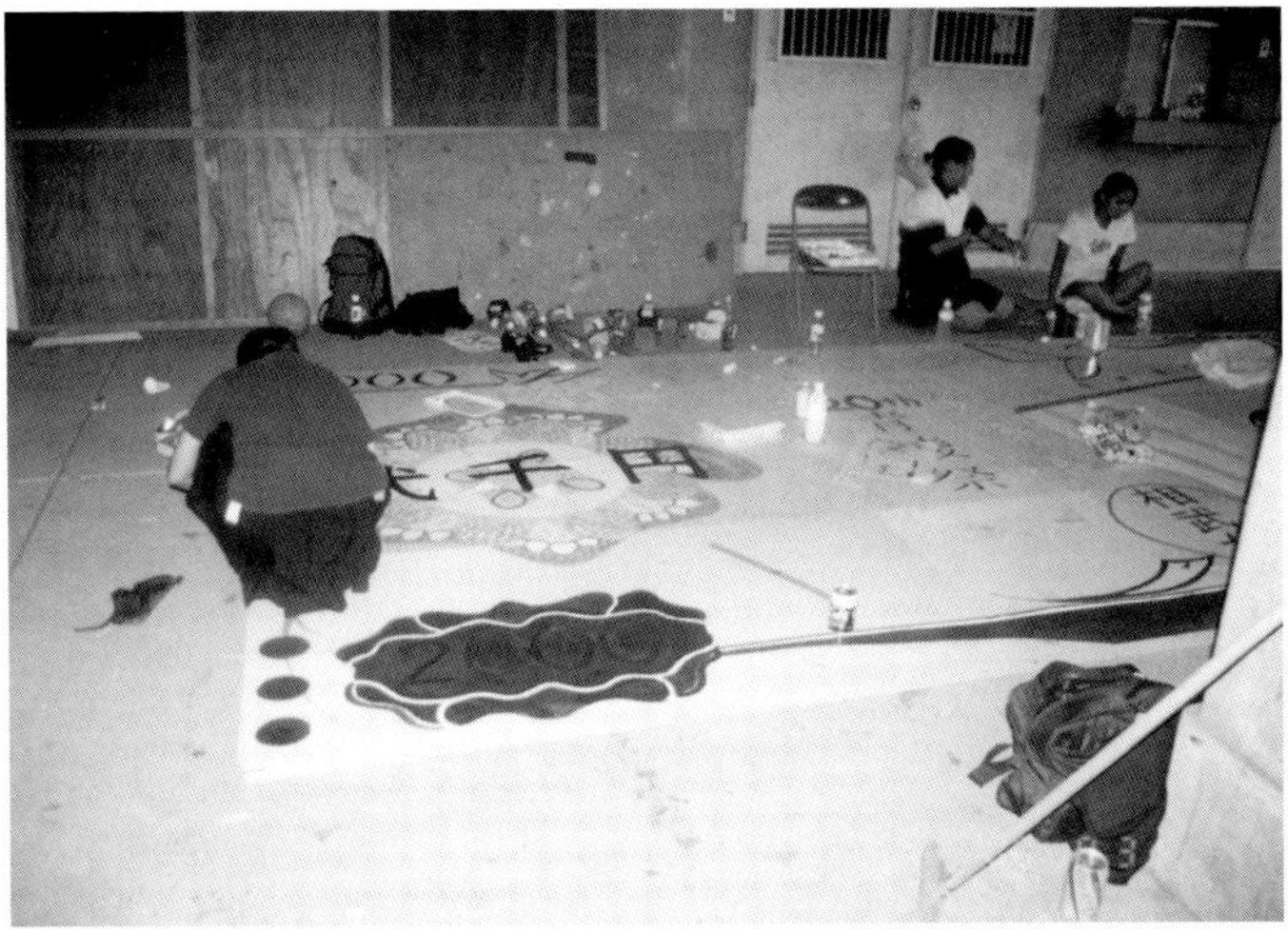
▶2千円札の色つけ。

▶足場を組んで屋根の取り付け作業。

▶赤瓦の雰囲気が表現された「守礼門」

ミレニアム2000「守礼門」

東京・足立西高校3年5組

▲完成した守礼門の前で。両脇に大提灯が！

クラス目標は「一人一役・適材適所」「学校行事は全員で」をかかげ、2、3年とクラス替えなしで進みました。

さあ最後の文化祭、泣いても笑っても高校生活の想い出にと、生徒と共に『文化祭企画読本』を参考ににらめっこ。と、鮮やかな写真が目に飛び込んできました。「これだ！」と、即刻決定したのは「守礼門」。その前年（1999年）、修学旅行で沖縄に出かけ沖縄の文化に触れたのですが、その年、発券された2千円札のデザインが「守礼門」でした。

思えば昨年の文化祭（2年時）は、空き缶壁画（約5千個）で、当時18歳だった西武ライオンズの松坂大輔投手の投球している姿を作ったのですが、今年はそれよりも大きなもの、車も通れるくらいの大きな門をと、夢がふくらみました。

文化祭は9月20、21日です。

さっそく『文化祭企画読本』に載っていた南風原《はえばる》高校や、沖縄文化振興会へ連絡を取り、その時の作業実践状況の資料をいただきながら検討していきました。

しかしなかなか作業には取りかかれず、やっとエンジンがかかったのは夏休み後半でした。

保護者の協力で本来は足場に使用される木材を提供していただき、柱として使用することにし、本格的な脚立までお借りすることができました。

女子は組み立て作業に参加することはあまりできないので、本来の「守礼門」とは異なりますが、みんなの名前の入った提灯と、両脇には大きな提灯を作り掲げようと、オリジナル作戦を立てて、地道に製作に入っていました。

9月に入り、あき缶を瓦のように見立てるので白色の缶の収集に入りました。作業工程は、缶集め→穴あけ（穴は4つ。千枚通しで軽くあけられる）→針金で通す（1列にかかる時間約40分）→確認→最後に吊り下げとなります。

作業は連日夜9時になることもしばし

ばで、保護者の方も心配で見学にきてくださいます。疲れ果てているものの、付近を通るご近所の方が「守礼門でしょ。足立西高でこんなすごいことやったことないよ。頑張って！」と励ましてくれるひと言が作業している生徒たちの大きなエネルギーになりました。

▲赤い屋根に白い缶を並べていく作業。

さあ文化祭前日。ここにきて屋根の枠組みが合わないアクシデントに見舞われ、作業が大幅に遅れてしまいました。結局、すべての作業が終わったのは、夜10時近く。最後の缶を屋根においた瞬間に歓声が上がりました。

設計図的なものはなかったのですが、全体の大きさは高さ4・5メートル、幅8・5メートル、屋根の上に乗っている缶の数は2千個余りとなりました。

▲ついに完成！　全員の名前入り提灯がさがっている。

明日が来るのが楽しみでしたが、ちょうど台風の時期、風や雨で壊されないかと心配でいてもたってもいられず、気の小さい私は、結局、翌朝6時に学校に着きました。無事でホッとしました。生徒も早く集合し、それぞれ自分の名前が入った提灯を自分で飾り完成しました。

作業中の夜見るおぼろげな門の姿と、太陽に照らされ、昼間見る堂々とした門の違いにも改めて感動を覚えました。さっそく校長先生やアドバイスをくださった主事さんたちを呼び、セレモニー、みんなで写真を撮って喜び合いました。

2日間の展示を終え、翌日は解体作業。1カ月間の死闘は9時間で跡形もなくなりました。「蝉の一生より早かったなあ」。文化祭の大賞は残念ながらいただけませんでしたが、みんなの「記憶」に間違いなく強く刻まれたことでしょう。本当に教師冥利に尽きる大作でした。心から「三代目野口組」のみんなに感謝します。最高の想い出ありがとう！

（担任／野口　浩正）

ドラマだった女子クラスの守礼門作り

埼玉・川越総合高校3年4組

２０００年９月30日～10月１日に開かれた第５回「川総祭」に、私たち女子クラス３年４組は、「高校生活最後の文化祭だ、大きいことをやろう！」と沖縄・首里城の「守礼門」を作ることにした。

私たちは昨年、修学旅行で沖縄を訪れ、美しい海や自然を楽しんだが、戦跡を訪ねたり、真っ暗な壕に入る体験もして、平和の大切さを改めて痛感させられた。この思いを忘れず、人々にも伝えたかった。また、沖縄でサミットが開催されたり、２千円札が発行されたりして、沖縄が注目を集めていたこともそのきっかけだった。

また「幸せを吸い込み、幸せを逃がさない」という沖縄のシーサーを、私たち30人と担任の先生の幸福と、それに「文化祭成功」への願いをこめて、門の左右に飾ることにした。さらに、材料に空き缶を使用することで、環境問題を見直そうということも考えた。

取り組み始めたのは７月。しかし、私たちが首里城を訪ねた時、守礼門は修理中で、実際に見ていないのでイメージがないし、「大きいもの」といってもどういう方法で作ればよいかわからず、途方にくれてしまった。

そこで電話で、首里城公園の方にお願いして資料を送ってもらい、それをもとに、設計図を作成。それから、担任の知人の建築会社の方に相談し、アドバイスをいただいた。鉄パイプで、骨格を組む方法が安全だろうということで、私たちの熱意を買って、協力してくださることになった。

夏休みは週２回、５～10人が交替で登校し、シーサー作りにとりかかった。

２学期が始まり、いよいよ本格的な門の製作にとりかかることになった。門の大きさは、実寸の約３分の２（高さ４㍍）に設定。屋根を空き缶で葺《ふ》くことにしたが、守礼門の屋根は赤いので、たくさん

◀高いところは平気という人は上で作業。

集めた中から赤い缶だけを拾い出した。

9月21日に、最終段階にかかった。4メートルの高さの足場に上って、ペンキを塗ったり、缶で屋根を葺いたりする作業は、勇気と根気が必要だった。

「高いところは平気」という人が上、高所恐怖症の人は下と作業分担。

足場をはずしたのが、文化祭の前日。それから、下の柱の部分、足の部分に取りかかったが、予想以上に時間がかかり、おまけに、柱の寸法を間違えて、はじめからやり直さなければならないという事態まで起こった。一時はあきらめそうになりながらも、みんなギリギリの時間までがんばり、一応、形はできた。

▲幸せを逃がさないというシーサー作り。

文化祭当日は、早朝6時、みんな一番電車に乗って登校、残りの細かい部分を仕上げて完成した。

近所の人たちが、朝の散歩の途中寄ってきて、「女子生徒でも、やればやれるもんだね」などと、口々にほめてくださる。いなりずしを差し入れてくださる方まであった。お客さんたちからも、「スゴイー」という声を聞き、本当に嬉しくて、がんばって良かったと思った。

やがて「川総祭」は終わった。苦労して作った守礼門を壊すことはつらく、涙が出た。おまけに、片づけの日は雨。私たちは雨と涙で、ぐしょぐしょになって、壊した門を片づけた。

私たちの「守礼門づくり」はドラマだった。しかし、ドラマが終わっても、私たちは空き缶と格闘している。みんなで集めた約2万個をアルミとスチールに分別してつぶし、リサイクルして、再度、彼らに役に立ってもらうつもりだ。

（3年／宮崎　純・田中　久美子）

伝統に挑戦、シンボルは首里城

福島・安達東高校「翔高祭」

平成15年11月、3年に一度の大行事である「翔高祭」が開催されました。本校（学年3クラス）では例年、「職人芸」ともいえるシンボル・モニュメントの製作が盛んで、前回は浅草の「雷門」を作りました。これは地元のテレビ局でも放映され、「文化とは何か」を意識した文化祭は、本校の「伝統」となっています。

しかし、3年に一度という学校行事のサイクルは「経験者がいないのに伝統を受け継ぐ」という矛盾をもっています。また、8年前に総合学科に移行したことで、生活単位としてのクラスが機能しにくい状況が生まれており、いかに学校やクラスの一体感をつくり出すか、という課題もありました。

●●●テーマは「自分探し」

文化祭実行委員会の動きは5月からで、全生徒対象のアンケートからテーマを選定することから始まりました。しかし、今回は学校行事との関係で恒例となっていた仮装行列が中止となったこともあり、新たな「目玉」づくりも含めて難しい議論となりました。

幾度かの議論を経て、文化祭のテーマを「Explore your own way（自分の道を探そう）」とし、自分たちの「今」を切り拓くことの大切さを訴えることにしました。また、テーマを具体化し、文化祭全体の統一感を表現するモチーフとして自分の価値観や感情を大切にする沖縄の文化に着目しました。

具体的には、シンボル・モニュメントに造形可能性を考慮し、文化祭に取り組む情熱を表現する観点から朱色と「龍」のデザインを基調にした「首里城」を、また、体育館で全生徒参加による「龍」の壁画製作とあわせて、学校全体が一丸となって文化祭に取り組む勢いを「昇り龍」に託しました。

●●●自分たちも成長したい！

▲青空に朱色と金の昇り竜が映える首里城。美術の先生を「棟梁」に、実行委員約10名が製作の中心に。手伝う生徒たちが日に日に増えていった。首里城の柱になったのは梱包用の「紙管ダンボール」、結構な強度がある。

テーマとコンセプトは決まったものの、まだ具体的な「目玉」は見えてきません。そんなある日、ある3年生の「(前夜テレビで見た)和太鼓をやってみたい」という一言をきっかけに、「目玉」としてのステージ発表の企画が始動しました。

しかし、和太鼓指導は教師も含めて未開拓の世界。太鼓や練習場、指導者の確保など、インターネットや電話による聞き込みを文字通り「手探り」で重ね、ようやく地域の愛好会の方々の協力で練習ができる状態にまでこぎ着けました。

夏休み初め、日本太鼓連盟の教則本を片手に、バチの持ち方から練習はスタートしました。当初、太鼓が確保できず、実行委員の生徒のおじいさんに切り出してもらった竹を太鼓に見立てた練習は「一曲たたき終えるのがやっと」の状態。練習の習熟度もばらつきがありましたが、挫折感はテーマを確認しあうなかで乗り越えました。

実行委員を支えていたのは「文化祭を成功させたい。自分たちも成長したい」という強い信念。夏休み明けには「オリジナル曲に挑戦しよう」「和太鼓があるから頑張れる」という段階に到達しました。

また、同時進行で進んでいた首里城は、美術教師による「紙管段ボールを基礎とする工法」が試行錯誤され、その過程を知らない生徒からは「本当にできるの？」という声とたたかっていました。

巨大なモニュメントの製作は外観だけでなく、強度や作業上の安全性も考慮する必要があります。作業する中で、生徒たちは自分の仕事を見つけ、先輩後輩の区別なく、夜遅くまでお互い教えあって作業を進めました。

●●●苦労を楽しむ文化祭を！

そして迎えた当日。晴天にも恵まれ、首里城は来客に驚きの声で、和太鼓は感激の拍手で迎えられました。

クラス企画も各クラスの創意工夫が見られ、実物大の「鉄腕アトム」誕生のシーンを再現したわがクラスや、「となりのトトロ」「白雪姫」などの世界が各教室に再現されました。

文化祭終了後、実行委員から聞いた、文化祭を成功させる秘訣は次の通りです。

①生徒たちの成長したいという要求に依拠した企画を立てること（今回は和太鼓）。

②スタートを早くすること（直前のイレギュラーな仕事に備える）。

③生徒が継続できるような適切な「励まし」と生徒たちの持つ世界を「見守る」こと。

文化祭は、数多くある学校行事の中でも、助け合うことで自分の役割を確認したり、達成感や自分自身の成長を実感できる貴重な行事です。

また、社会や自分を知り、教師と生徒がお互いの「意外な一面」を知ることのできる、きわめて人間的な行事です。そういう意味でも「苦労を楽しむ」文化祭を作っていきたいものです。

（教諭／大津　幸信）

▲文化祭実行委員と新旧生徒会役員有志８名による太鼓演奏。

▲音楽部の合唱パートによる「ゴスペル」。

School cultural festival

第3章

立体で大きいものづくり

ペットボトルの巨大竜

■―三重・松阪高校2年5組

▲全長30メートルの竜、ついに完成！

どのくらいの大きさにしようか、このくらいがいい！　そう答えて教室から廊下へ出た私と友達は二手に分かれて走った。竜の長さは教室約3個分の30メートルに決まった。これがペットボトルで竜を作ろうという取り組みの始まりだった。

この取り組みは前代未聞であったため、必要なペットボトルの数や作り方などまったくわからず、ゼロからのスタートでした。しかし、担任の先生や実行委員を先頭に設計の案を練り、それにクラス全員が協力してくれたので、当日間に合うことができました。

私たちはペットボトル1個につき、4〜5個の穴をあけ、針金で全体をつなげいくという方法を考えました。

30メートルの竜を作るには、ペットボトルを大小合わせて一人60本以上集めるという計算になり、不安がありましたが、みんなに伝えました。

すると、クラスだけでなく、他のクラスや先生方、ご近所の方やお店の方までが協力してくださいました。結果、目標以上に集まり、とてもうれしかったです。

こうして集まったペットボトルは頭・胴・腕などの部分を分担して作りました。最後に4本の針金で全体を通したのですが、とても力が要りました。そんなに大きな穴をあけなかったし、だんだん胴体を細くしていかなくてはならなかったこともあって、思い通りに針金が動いてくれません。だから、全部のパーツをつなぎ終わったときはうれしくって、思わず拍手をしてしまいました。

思った以上に大変な作業でしたが、これ以上に大変だったのは、竜を吊り下げる作業でした。私たちの学校では一棟と二棟の間に「いこいの広場」という場所があります。そこに竜を吊り下げようと考えていました。まず、一棟と二棟の屋上に針金を張り、その針金にまた針金を地面と垂直に垂らしてそれに竜をくくりつける方法を取りました。

下には4～5人だけ残って指示を出し、残りの人は屋上に登って針金を引っ張ることになりました。すぐに上がると思っていたのですが、ペットボトルと針金の重さが予想以上だったのと、針金がすべりやすかったことでなかなか上げることができませんでした。

そして、垂直に垂らした針金を調整するために、上げたり、下げたりの作業で力の限界が近づいていたとき、長すぎたので何度も曲げて調整していた針金が切れてしまいました。

残りの針金も少なく、竜の全体的な形も悪くなかったので、その部分はあきらめて地面につけておこうと思いましたが、やっぱりどうしても空中に飛ばすようにしたかったので、針金を代えて再び挑戦しました。頭から尾まですべてが空中に浮いたのは、もう作業の延長の許される時刻をだいぶ過ぎた頃でした。

イヤだなあと思ったこともありました。集まったペットボトルが臭かったり、かびが生えたりしていて、洗わなくてはならなかったからです。でも、最後にこんなにすばらしい作品ができたことで、そのイヤだったことはどこかへ行ってしまいました。

紙の上に書いた竜が現実に作れたことに本当に感動しました。

（2年／丸林　奈央）

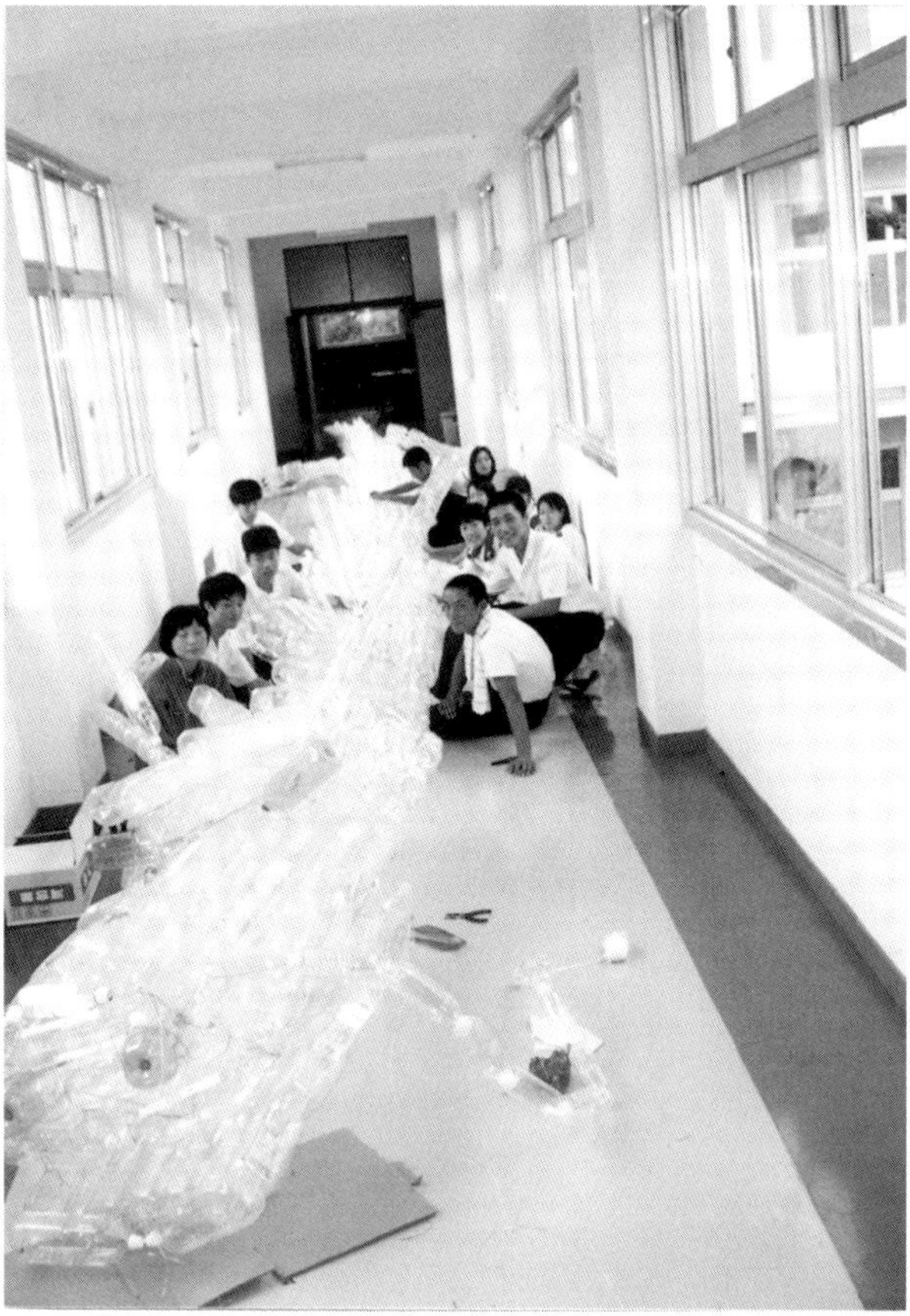

▲廊下いっぱいを使って作業。

▶重さ約200キロの竜が空に浮かんだ！

〔担任からひとこと〕

苦労した者だけが味わえる達成感

9月17日の文化祭に向けてペットボトル集めを始めたのは7月。9月に入り、すぐに穴あけ作業、そしてパーツの組み立て作業へと進めていきました。

9月15日にはパーツをつないで竜を完成させ、16日に吊り下げる作業をしました。当日はあいにくの雨、クラスの生徒は皆、ずぶ濡れになりながら懸命に作業をすすめました。この時、クラスが一体化していることを強く感じました。

完成した竜は予想以上に重く、空に浮かべることは不可能だと思いましたが、生徒たちの「最初の計画通り、何としても浮かべたい」という強い思いが、全長30メートルもの巨大竜を空に浮かべさせました。

新聞にも取り上げていただき、全国版にも紹介されたため、ある会社から「譲ってほしい」と申し出がありました。しかし、実際見に来られ、あまりの大きさに吊るす所がないと辞退。さらに岐阜県の小学生から、「自分の小学校や町の人に環境のことを訴えたいので竜をください」というはがきが届きました。

しかし岐阜まで送る運送代の問題もあり、お断りせざるをえませんでした。最終的に近くのデパートにもらっていただくことになりました。中日ドラゴンズの優勝と、辰年にちなんで飾ってくださるそうです。

私は文化祭に臨むにあたり生徒たちに言うことは「苦労した者だけが味わえる達成感・充実感をぜひ味わってもらいたい」ということです。苦労を乗り越えて初めて味わえる達成感がどんなに素晴らしいものかを教えてあげたい。

今どきの高校生は何もしないのでなく、仕方を知らないだけだと思います。わがクラスの大変な作業を見てあざ笑う他クラスの生徒は一人もなく、逆にうらやましがったり、作業を手伝いに来ていました。たかが文化祭ですが、その文化祭を通していろんなことを学ばせたいと思っています。

（担任／梅谷　浩正）

牛乳パック再利用の巨大トトロ

■——三重・松阪高校3年7組

文化祭に向けて具体的な話がなかなか進まない中、ある生徒が「紙すきがしたい！」。さらにもう一人の生徒が「灯籠を作りたい」と。そこで「牛乳パックを再利用して紙をすいて、その紙で灯籠を作ろう」ということになりました。

生徒たちは早速ジュースのパック集めにかかり、表面のラップをはがし、乾かしたものをシュレッダーにかけ、それを水でふやかしてミキサーにかけ、それと洗濯のりを容器に入れ、紙すきをしました。これを天日で乾かすと、結構いい紙ができるのです。

でき上がったのはＡ３サイズの紙３００枚。この紙で生徒たちが作ったのは、灯籠ではなく、高さ３メートルのトトロでした。文化祭後、このトトロは市内の幼稚園にもらわれていきました。

（担任／梅谷　浩正）

▲表情も豊かに完成したドラえもんの前で。

アルミ缶でドラえもんの立体像

■——長野・皐月《さつき》高校「皐月祭」全校企画

生徒会長の手でドラえもんの最後のヒゲの1本が貼り終わった時はもう深夜に近かった。作業を手伝った生徒からも、顧問からも、体育館の入り口で心配そうに見守っていた父母からも、ワッと拍手と歓声があがった。全校生徒が集めたアルミ缶はおよそ5千個。高さはおよそ3・5メートル。仕上がりは思ったよりずっと良かった。

本校の皐月祭（文化祭）恒例の企画として、全校生参加の「全校企画」がある。最近の全校企画は巨大壁画が続いていた。それに物足りなくなった昨年（1997年）、生徒会役員は立体壁画を模索し、結局、半立体像の「自由の女神」像を作り上げた。女神のまとう布には、全校生徒一人ひとりのメッセージが書き込まれていた。女神を囲み込むようにして、豆電球のイルミネーションも点灯し、この像は生徒にも来客にも好評だった。

今年（98年）はその半立体像を、何とか全立体的なものにしたいというのが、生徒会役員の望みだった。計画は前年11月の生徒会役員切り替え時から練り始められた。

3月休みには模型を作るのが例年の作業だったが、本部役員が作る空き缶での立体模型は思ったよりうまくいかなかった。丸みを作ることも、アルミ缶をつなげることも、ドラえもんを想像させるレベルのものではなく、しばらく手つかずのままに過ぎていった。

本校の生徒会活動を支えるものに、6月と12月の年2度のリーダー研修会というものがある。生徒会本部役員、正副委員長、生徒会顧問が学校に一泊し、寝食を共にしながら生徒会活動のさまざまな問題を話し合い、また親睦を深めるというものである。その6月のリー研の中でもまだ組立の方法は決定していなかった。直接の係の生徒も、その周辺の役員生徒も顧問も知恵を絞りながらの、まさに暗中模索の状態が続いていった。しかし、

◀ドラえもんの翌99年はペットボトルのふた5千個を使って地球をデザイン。青い海に緑で世界地図を描いた（正面壁画中央）。

生徒たちは頑張っていた。

体育館での骨組みの組立、そしてアルミ缶をつなげる作業に入ったのが7月初めの前夜祭数日前。20分の一の設計図に従い、細かいところはその場で直し、アドリブの工夫も入れて、徐々に形が整っていった。

そして前夜祭前日、生徒会顧問以外の先生方の力も借りて、胴体部と頭部との組立がついに完了した。

開祭式で全校生徒から好評を博したのはいうまでもない。つい前日までいったい何ができるのだろうくらいのものでしかなかったのが、最後の追い込みで本当にすばらしいオブジェになったのだから。

後夜祭の日、ドラえもんは一気に解体されたが、アルミ缶は業者に売却し、ほかの募金と併せて、社会福祉協議会へ寄付をした。そして一カ月ほどの後、アルミ缶のドラえもんは、テレホンカードとなって再び感動をよみがえらせてくれたのだった。

（生徒会顧問／村松　文夫）

◀缶をつなげていく柳澤生徒会長（写真右）。丸みを出すのがむずかしい。前方は頭部、後方が胴体部（写真下）。

イラク戦争・犠牲者の顔と折り鶴

兵庫・尼崎小田高校2年2組

イラク戦争での民間人の死者数を集計している英米の研究者などからなる調査グループ「イラク・ボディ・カウント」のホームページに、03年6月13日現在、民間の方々の死者が最大7207人にのぼることが掲載されていました。亡くなられた方々には一人ひとり名前があり、生活があり、かけがえのない存在でした。

その7207人の方々に哀悼の意を表し、現在においても続くイラクでの戦闘を早期に終らせ、イラクの人々が平和に暮らせることを願い、巨大鶴と7207人分の鶴を折り、7207人分の「顔」を新聞や雑誌から切り取って、かけがえのない命を表現しました。

また、西側のメディアが報道しなかった映像を衛星放送「アルジャジーラ」のホームページからとり、その中から2つの映像を選び、イラク戦争で犠牲になった民間の人々を「砂絵」によって表現しました。

実質10日間という活動日のなかで、鶴と顔写真を一人あたり200弱用意するのも大変でしたが、砂絵は大勢で関わることができず、緻密な作業だけに時間がかかりました。

学校のある日は午後8時を過ぎ、休みの日は3日間、朝10時から夜8時半までクラスの大部分の者が関わりながら進められました。巨大鶴を折るのも大変でしたが、巨大鶴の周りに7207の鶴を並べるのにも2時間ぐらいかかりました。

途中くじけそうになり、あきらめそうになったこともありましたが、クラス実行委員のリーダーシップのもと、無事出来上がったのは、本番前日の午後8時。

以下は、頑張った生徒たちの感想です。

《鶴を並べ終わった時、こんなにも子どもやいろいろな人たちが亡くなってんなあと思った。今もこれ以上に人が死んでいるって思ったら、すごく悲しくなった。他の人に平和を伝えるのもあったけれど、自分自身が平和について、イラク

◀砂絵で描いた「イラク・殺された少女」（写真上）。写真中は、犠牲者7207人の顔。下の文は米・13歳の少女の非戦メッセージ。

戦争についていろいろ考えさせられた》

《イラク戦争で亡くなった人の数がどれだけ多かったのかが身にしみてわかりました。７２０７人と聞いただけではあまり多く感じなかったけど、鶴を折り、顔を切り抜くことで実感しました。関係のない人まで亡くなる戦争に反対です。この展示を通して皆さんにも命の尊さをわかってもらいたいと思います》

《イラクの犠牲者の写真なども見て、かなりひどいことになっているのもこの取り組みを通じて知った。自分と同じ年か、それ以下の女の子の足がちぎれていた写真（砂絵に描いた）を見て、痛々しい気持ちになった。アメリカは正義をかざしてイラクを攻撃したが、９・11よりもひどいのではないかと思った》

《今回の作業で鶴を折っていて、一つ出来上がると、「1人死んだ」「また1人」って思っていて、クラスのみんなが折ってできた７２０７の鶴を見ると、その数の多さに圧倒されてしまいました。数字に出てきたのは死を確認することができた人たちで、確認されなかった人も含めたら、いったいどれぐらいの数になるのか考えたら怖い。イラクに二度と戻ってこないものや悲しみ、戦争のせいでそうなってしまったものが多くありすぎる。それらを全て表現することはできないと思ったけど、少しでも多くの人にイラクのことを知ってもらうことができたと思う。命を大事にしたいって思う人が増えることがいちばん嬉しい》

▲飾りつけが終わった教室で。

2年2組の38名それぞれが、イラクのこと、戦争と平和のこと、アメリカのこと、日本のこと、そしてクラスのことを考えることができた展示でした。

この取り組みを終えて、1回りも2回りも大きくなったクラスのみんながいます。

（担任／福田　秀志）

竹を骨材に赤い大提灯完成!

大阪・今宮工業高校機械科1年B組

「本当にできるのか、とても心配だった。出来上がった時はこれが自分たちの力だと思い、感動しました」

「こんな大きなものができるとは思わなかった。むずかしかったけど、迫力があって完成して良かった」

「今工に入って、初めてみんなの力を合わせて一つの大きなものを作れて、とても良い思い出になったし、良い勉強にもなった」

これは、昨年の文化祭当日、生徒たちが書いた感想の一部である。あの有名な東京浅草の雷門顔負けの大提灯が完成した! 主催の自治会からこの努力が認められて「努力賞」が与えられたのである。

工業高校ゆえ、展示物を作製するのはお手のもの。しかしクラスとしてなかなか内容が決定しない中、生徒数名のミーティングで「どうせ作るのなら大きいもの」という意見で、大きい提灯の製作に決定したのは文化祭1カ月前であった。

機械で物を作ることはできても、竹で提灯を作るのは、教師も含めて全員素人である。担任の私にしても、だいたいの形は理解できるが、実際の行程は全くわからない。いろいろ教えていただける提灯屋さんを捜すことからスタートした。

幸い大阪天満の提灯屋さんに教えていただけることになり、見学に行った。提灯舗「かわい」は安政5年創業、社長は6代目だという。大阪でも「地貼り」という方法で提灯を貼っているのは、ここだけである。

製作にかかったのは3週間前。目標は直径2メートル以上という巨大なものである。しかし最初からつまづいた。それは製作する場所の問題である。

作品を考えると、室外で製作することはできない。また教室は、入り口が2メートル以下のため、製作できても搬出ができない。幸い工業高校は機械の搬入等で使用する扉が大きい実験室があるので、ここで作業することになった。

製作に必要な物は、提灯の形を決める「貼り型」、骨材になる「竹」、表面に貼る「紙材」などである。貼り型は、コンクリートパネル8枚を弓形に切る。これで提灯の形がすべて決まってしまう。中心部分の直径が2・5メートル、高さが1・8メートルになった。

竹薮《やぶ》から切り出してきた竹を、日頃あまりカッターを使わない生徒たちが手に怪我をしながら、50本の竹の肉部分を削り取った。

この竹材を貼り型に固定する。ここまで来ると提灯として形が見えてきた。あとは紙を貼り付けて、色を塗れば完成である。作業は1日、7～8人が残り、日を追うごとに盛り上がっていった。

しかしここで難題、提灯の中に入っている貼り型をどう処理するかである。提灯の口部分は50センチ、ここから貼り型をどうやって抜き出すのか、生徒たちは心配した。「本当に取り出せるのか」「貼り型を取れば提灯が崩れてしまいそう…」

貼り型は上下を天板で固定してある。抜き取りは、この天板部分をはずしたのち、対角線の順番に1本ずつ円弧を描くように取り出していけばよいのである。

ついに最後の難題を乗り切り、ためる提灯が完成した。大きな赤提灯には「**文化祭　M1B**」の大文字が！　その赤提灯は、他の先生方から「どこかへ寄付をすれば！」といわれるほどの立派な出来映えだった。

（担任／下出　豊勝）

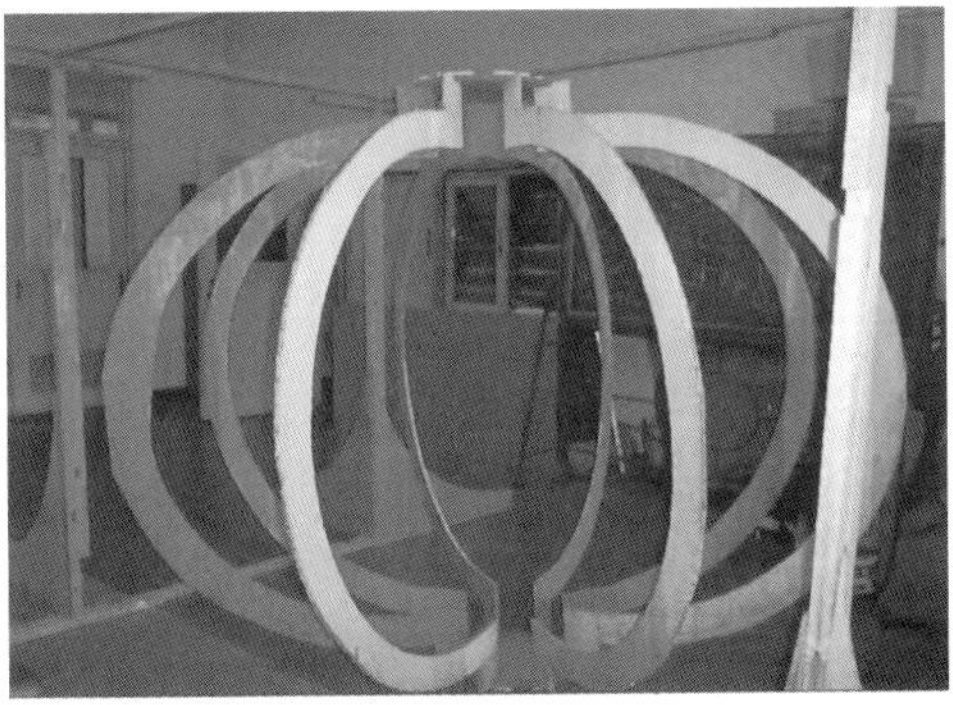

▲貼り型。最後にこれを抜き取る。

▲竹材を巻き付けたところ。

▲紙貼り作業もたいへん！

◀完成した提灯の取り付け作業。

ピラミッド型モニュメント完成

——神奈川・藤沢工科高校建設科3年2組

藤沢工科高校は２００３年度、県内初の総合技術科として生まれ変わりました。新しい学校ということで、当然、文化祭（藤工祭）も初めてのこととなります。同時に３年生にとっては最後の藤工祭、建設科３年２組では何か思い出となるようなものを製作しようと考えました。

４月のはじめ、まずどのようなものにするかをみんなで話し合いました。その中で、クラス目標でもある「笑顔・感動・友情・自立」を表現できることをコンセプトに、２×４（ツーバイフォー）材を使用したピラミッド型モニュメントを製作することにしました。

また、環境のことも考え、ゴミとなってしまうような端材をリサイクルしてランプシェードを製作することにしました。

作品の素案が決まったところで、イメージをつかむために図面を描きました。材料加工時に細かな寸法まで取れるよう、コンピュータを使い正確に描きました。その図面をもとに、ピラミッドの中にアーチ型のトンネルを付けたりなどの設計変更をした結果、最終的に底辺６メートル、高さ５メートルの大きさとなりました。

また、図面作成と並行して材料の選定作業も行いました。

下準備が終了すると、いよいよ加工作業です。モニュメントは、渡りあごという組み木の技法を使った構造なので、作業のほとんどはその加工になりました。

４月から課題研究という授業を使い作業を進めてきましたが、７月に入り作業工程が大幅に遅れていることが判明し、放課後も作業を行いました。

しかし、その後も部材の再加工やみんなの名前を彫ったりと、次から次へと作業が増え、結局そのまま夏休みに入ってしまいました。

最初はみんな「高校最後の夏休みだから、目一杯遊ぶぞ！」と言っていましたが、そんな余裕はなくなり、ついに恐れていた「夏休み返上」が現実のものとなりました。

真夏の暑い中、サウナのような実習室で汗だくになりながら必死に遅れた時間を取り戻しました。この、魔の夏休み返上のおかげ（?）で何とか文化祭前に製作作業の全工程が終了しました。

9月26日（金）藤工祭前日、いよいよ組み立て披露となりました。この組み立てが無事に終了すれば４月からの苦労が報われるとあり、みんな心地よい緊張感に包まれていました。

そんな中、現場の設置準備班から「大変だ～！」という悲鳴にも似た叫び声が飛び込んできました。

話を聞くと、なんと設置場所のアスファルトが左右に15センチ以上傾いていると言うのです。

このピラミッド型モニュメントは、組み木の特性上地面が水平でなければならないのです。その条件下で、誤差15センチ。これは致命傷にもなりかねません。現場も騒然となり、にわかに殺気立ってきました。

さまざまな方策を考えた結果、土台を作り、それを水平に設置することにしました。半日で組み立ての予定が、結局夕方までかかってしまいました。

翌27（土）28日（日）の藤工祭当日には多くの人がモニュメントを通り、そのたびに「これ、すごいねぇ～」という言葉をかけてくれました。その言葉を聞い

▲１本約3658㎜の材料を使用箇所の長さに合わせて切断。

▲モニュメントを支える基礎板４枚を製作し、スポットライトを取り付ける。

▲各部の加工がすべて終了したところで、仮組作業。

▼完成したモニュメント。４本の足組にライトが入り輝いている。

▼ゴミとなる端材を利用して作ったランプシェード。端材の大きさは30×１５０×６㎜。子どもから大人まで簡単に組み立てができる。電球が入ってきれいな光を放っている。

▼ランプシェード作りは子どもたちにも人気。端材を手に笑顔の２人。

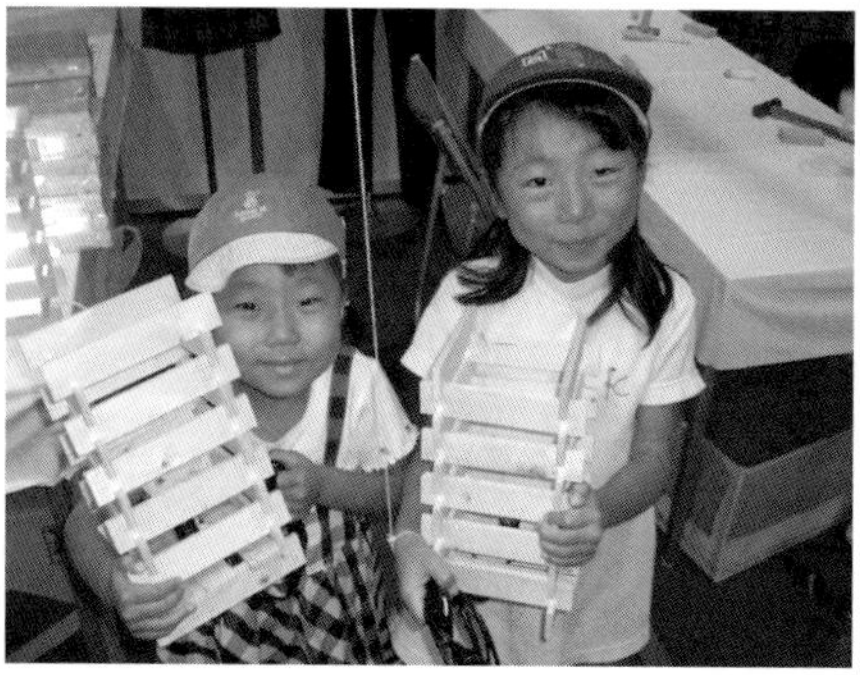

たとき、本当に嬉しかったです。

最初はただ単純に「思い出づくり」ということで始めたプロジェクトでしたが、実際は大変なことばかりでした。しかし、作業が進んでいくと徐々にピラミッドの形になり始め、楽しくなり、そしてすべてが完成した時の達成感は最高でした。

また、小学生や地域の方々とのランプシェードを通じての交流もあり、その中で子どもたちが楽しそうに作っている笑顔を見た時、本当の意味で「ものづくり」の素晴らしさを知ることができました。

そして、仲間と協力することの大切さも、この作品作りで知ることができました。

今回の「ピラミッド型モニュメントの製作」は、ただ単に作品を完成させただけではなく、モニュメントのコンセプトでもある、４本の柱が表現している「笑顔・感動・友情・自立」を実現することができた大きな成果だと思います。

高校生活最後の年に、とても良い経験ができました。

（建設科３年２組／佐藤　優麻）

◀産業教育フェアや盲学校の文化祭にも出展されたトトロ。

女の子だけでトトロに挑戦

和歌山商業高校3年／酒井香奈、佐々木美幸、清水香織

私たち3人は授業の課題研究で、高校生活最後の文化祭に向けて何か作ろうと考え、悩んだ末、決まったのがトトロでした。しかし3人とも自分のクラスの舞台発表と食物バザーの準備、さらに2人は生徒会役員ということで、果たして当日までに完成させられるかどうかが課題でした。製作はまずミニチュア作りから。

途中、苦労したのがどうしたらトトロのふわふわ感を出せるのかということ。家庭科の先生にも相談に乗っていただき、キルト芯を使用することにしました。湿っていた新聞紙が乾いてから、購入したキルト芯を木工用ボンドで貼っていきました。製作途中、通りかかった人は皆「何作ってんの？　鳥かご？　ロケット？　巨大卵？」。それにもめげず完成したトトロは文化祭後、産業教育フェアや近隣の盲学校の文化祭にも出展されることになったのです。

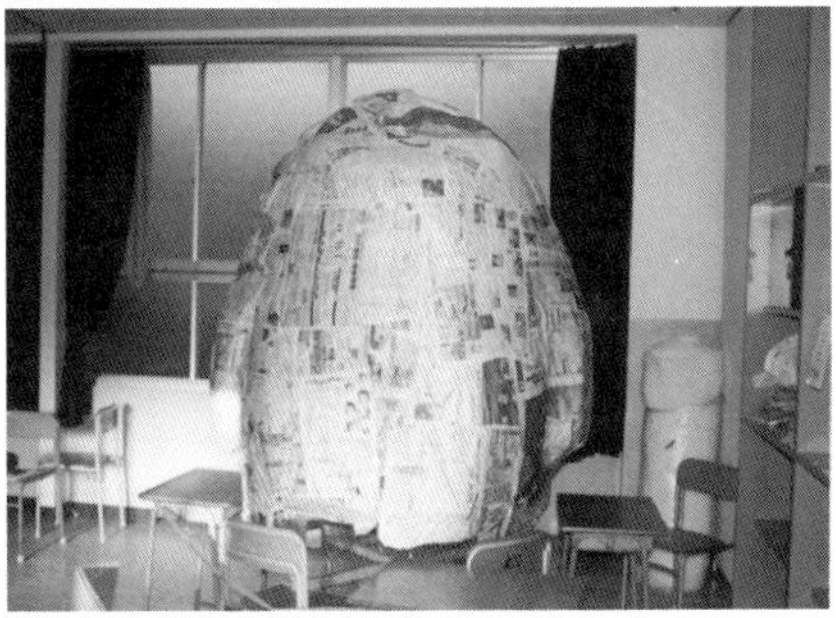

▼同じ授業を選択している女子たちが応援してくれた。

実物大のブロントサウルス

――宮崎・宮崎南高校2年1組、西都商業高校3年E組

▲1億5千万年前に生息した体長23mのブロントサウルスを再現。

ブロントサウルスは1億5千万年前のジュラ期に生息した体長23㍍と推測される大型恐竜である。これを実物大で再現することを思いついたのは、よく寄る本屋のレジに飾ってある恐竜のペーパーモデルだった。あの恐竜を実物大に膨《ふく》らませたら！　早速『くもんペーパークラフト恐竜4ブロントサウルス』を買い求め、生徒とこれに格闘することになった。

それまでの私は[注]シルバーマルチという素材と「空気膜構造」にこだわってきた。「空気膜構造」とは、空気の内圧で風船みたいに膨らませて強度を持たせる建造物のことである。何年か前、この方式でプラネタリウムを作ったのが最初だった。

シルバーマルチと言われる農業用の薄い銀色のビニールを半球状になるようにつないで、送風機で膨らます、というアイデアだった。恐竜もこれを基本にすれば何とかなりそうである。

ただ今回むずかしいのは、各部の型どりだ。紙の模型はちょうど20分の一になっており、70近くの部品に分かれていた。その部品一つ一つを20倍に引き延ばし、シルバーマルチに写し取り、切り取ってそれをつなぎ合わせることになる。

しかしその具体的方法となるとむずかしい。中でも縦3㍍、横5㍍に及ぶ不規則な70種類近くの曲線をどうシルバーマルチに写し取るかという課題は、製作に入るギリギリまで良いアイデアが浮かばなかった。最終的に考えついたのは、「木枠メッシュ」というアイデアだった。

夏休みの課外授業終了後、「Bプロジェクト」と名付けられたこの極秘の恐竜製作にクラス全員が交替で参加。本格的製作に入ったのは本番40日前である。

・7月21日＝ペーパーモデル完成。設計・型紙班の5、6人がまる1日かけてペーパーモデルを完成。

・7月23日＝木枠メッシュの製作。日曜日終日の作業。3㍍×5㍍の木枠をつくり、5㌢毎に押しピンを刺し、タコ糸

〔注〕農業用の銀色の薄いビニール。畑に雑草が生えないよう、あぜにかぶせて、そこに穴をあけ、作物の苗を植え込む。

を縦横に格子状に張っていった。

・7月24日＝型どりスタート。シルバーマルチをホールいっぱいに広げ、その上に木枠メッシュを乗せる。男子5、6人で右手にマジック、左手に展開図を持って写し取りながらいくが、なかなか進まない。

どうなるかと思った型どりも次の日から少しずつスピードが上がり、7月中にはすべて切り出し、セロテープでつないでいく作業が始まった。

そしていよいよ明日が本番という日の夜7時、クラスだけで体育館に集まる。送風機が回り出し、恐竜がみるみる膨らみ始めると、大きな歓声が上がった。泣き顔になっている者もいる。

リーダーの中園靖章が目を貼りつけて完成！　ついに1億5千万年前のブロントサウルスがよみがえった。

また、商業では恐竜と並行して、恐竜パンや恐竜縫いぐるみなど、恐竜グッズの仕入れ販売も行った。特に恐竜パンは、近くのパン屋さんをくどき落とし、恐竜の形をしたパンの中に、味付けゆで卵がまるごと入った「恐竜玉子パン」を特別に作ってもらう。これが当日、あっと言う間に売り切れ！　文化祭の主人公が恐竜だったことはいうまでもない。HR研究展示販売部門で最優秀賞を獲得した。

（担任／溝上　俊彦）

▲完成したブロントサウルスの前で。

▲木枠メッシュの製作。

▲型どり。手前にあるのがモデルの恐竜。

真っ赤な照明に恐竜の骨格模型

■—岩手・一関商工（現一関学院）高校1年G組

本校では隔年で一般公開の文化祭を実施している。ちょうどその公開文化祭の年、私が担任する普通科1年G組は男子18名、女子21名の計39名。

公開ともなれば必然的に完成度の高いものを強く意識する。また、題材の選択は時流を反映したものが多いようで、生徒はこの年ブームをよんだ映画『ジュラシック・パーク』につづく『ザ・ロストワールド』からヒントを得て、恐竜の骨格模型の製作を中心とした「日本の恐竜の研究」に取り組んだ。

なぜ骨格模型かといえば、張りぼてでは製作途中の保管場所に困るからで、骨格は部分的に分けられ便利である。

何体作るか、どんな種類を作るかだが、骨格とはいえ、迫力を出すためには教室いっぱいの大きさであれば一体で良い。生徒が選んだのはやはり肉食恐竜最強のティラノサウルスレックスだった。

材料は、厚さ50ミリの発泡スチロールを使用した。軽量である上に電熱線で加工しやすく、しかもある程度の強度がある。

作業手順はまず骨格図面の作成から。OHP用フィルムにティラノサウルスの骨格を大まかに写し取る。あまり詳細に描けば発泡スチロールの切断に苦労するし、雑になれば完成時に作品の迫力を欠く。作品のできばえを左右する最も重要な工程と言える。

次に墨入れ。フィルムに写し取った骨格図面はOHPで発泡スチロール板に投影し、マジックで墨入れをする。

ティラノサウルスを教室に展示した場合を想定し、頭部最上部の点を床から2・4メートルに設定した。これにより頭部の長さは80センチに決まり、OHPで拡大し、そのままの倍率で全体の墨入れを終了した。

発泡スチロールの切断は、必ずしも各骨格ごとに切らずに、つなげたままですむ場合もあるので注意したい。また、頭骨や太い骨格は貼り合わせてから使えば容易である。以上、最短2週間たらずで完成を見ることができる。

生徒は模型製作に加え、「日本の恐竜の研究」にも取り組み、福井県を中心とする恐竜発掘の現状を学習することができた。また、中生代における恐竜絶滅の理由を探求することから、環境問題についてふれることもできた。

完成の日、一つの教室が博物館に早変わり。巨大な恐竜骨格模型が展示室となった教室を独占し、幻想的なBGMと照明がかもしだす太古の世界に、見学者は息を呑んで見入った。

この作品は、本校教員の審査と文化祭実行委員会の人気度調査で、展示部門優秀賞を受賞した。

（担任／小野寺　啓一）

▲ティラノサウルスの骨格模型は真っ赤な照明と幻想的な音楽との和合で見る人の心を魅了した。

▲日本に生息した恐竜の紹介。

▲恐竜の生息分布図も作成した。

暗闇に光るトラのねぶた

埼玉・菖蒲《しょうぶ》高校インターアクト部

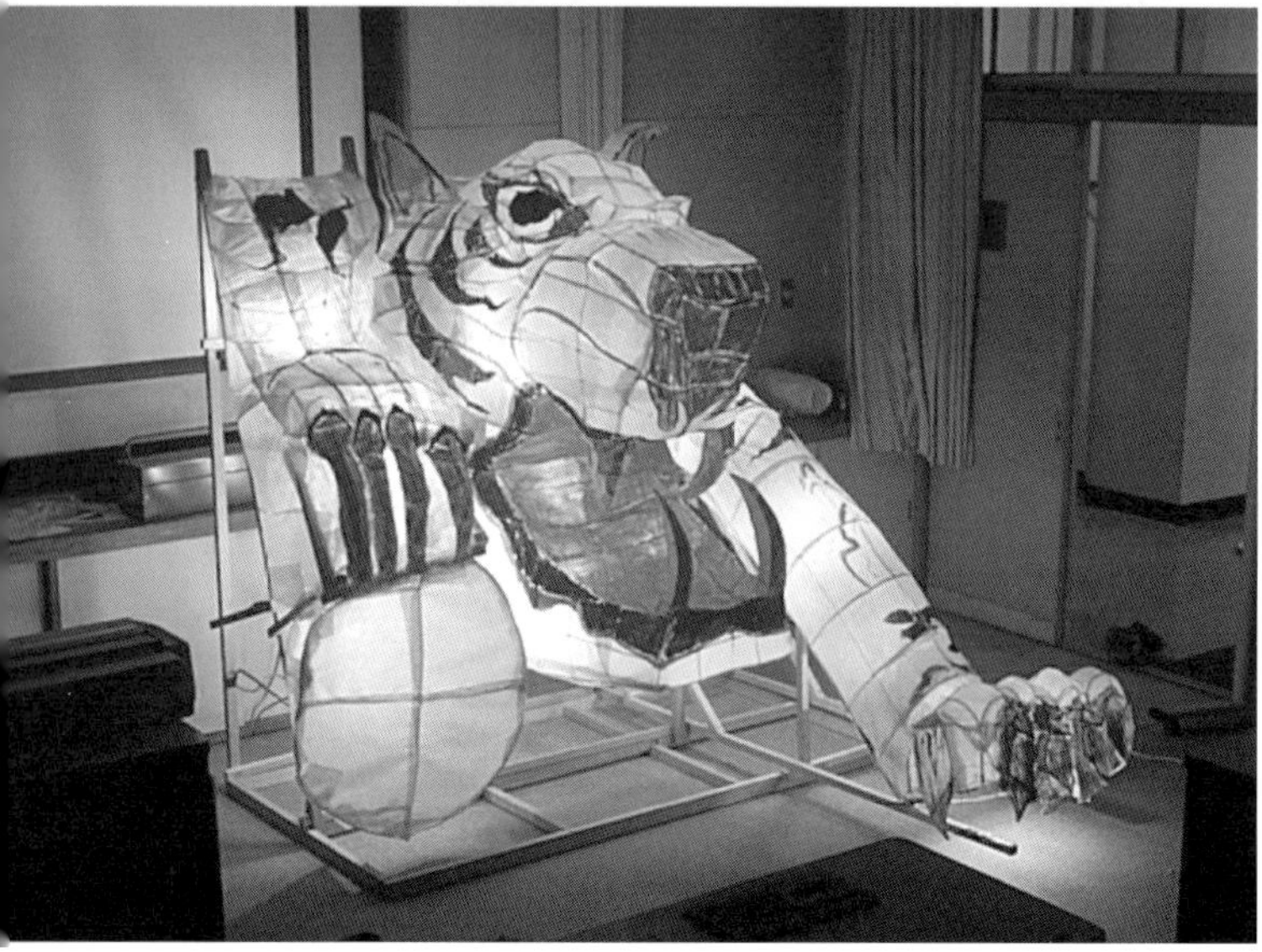

▲ねぶたの目に灯りがつくと、黒と黄色のトラ柄がくっきり浮き上がった。

僕の部活ではトラのねぶたを作りました。ねぶたについての知識は全くなく、資料などを集めながら手探りで作業をしていくことになりました。

まず、最初の作業はねぶたの芯作り。芯となる部分は角材を使用していたのですが、左腕の曲線はパイプで作りたいとM君が提案。このM君は手先が器用で、今回のような何かを作るという作業には無くてはならない存在です。しかも、ねぶたに対するこだわりは人一倍強く、顧問のB先生が「強度の問題もあるから賛成できないな」と言っても、決して意見を曲げることはありませんでした。

B先生もずいぶん心配したのですが、M君のねぶたに対する思いはことのほか強く、最終的にはM君の考えで作ることになりました。そのおかげで、左腕は見事なまでの曲線に仕上がりました。

僕も含めて他の部員は決して器用ではありません。しかし、夏休みの暑い教室で汗を拭きながら、もくもくと作業をしていきました。そうこう作っていくうちに、見た人から「トラっぽくなってきたな」という言葉が聞こえてきて、ますますやる気が高まってきました。

針金・紙貼りの作業もなんとか終了すると、ほぼトラの姿になってきました。試しに灯りをつけてみたら、紙の上からこもれ出る光は、見とれてしまうほど綺麗でした。そして、一番重要な色付けの作業。トラの勢いを出すため、大胆に色を付けていきました。

最後にねぶたの〝命〟ともいえる目の部分。これで失敗したら…と思うと、なかなか手がつけられないでいました。そんな中、先生の「勢いよくやっちゃえ」の一言で、意を決して一気に塗りました。〝命〟と言うだけあって、目を塗ったら、さらに勢いが出てきました。

ついに完成。みんなが見つめる中で点

◀ねぶた作りを終え、部員全員で記念写真。

灯。闇の中に、黒と黄色のトラ柄がくっきり浮き上がり、この瞬間、我がインターアクト部のねぶたが誕生しました。

文化祭当日、ステージでも展示でもねぶたは頑張ってくれました。

「あれ全部作ったんでしょう？　すげー良かったよ！」との友達からの一言。本当にやって良かったと思いました。

何よりも、一つのものを部活のみんなで作れたということがとても嬉しいです。いろいろなことに気づかせてくれたトラのねぶたは今、学校の一室でまた出番が来るのを待っています。

（3年／石渡　尚也）

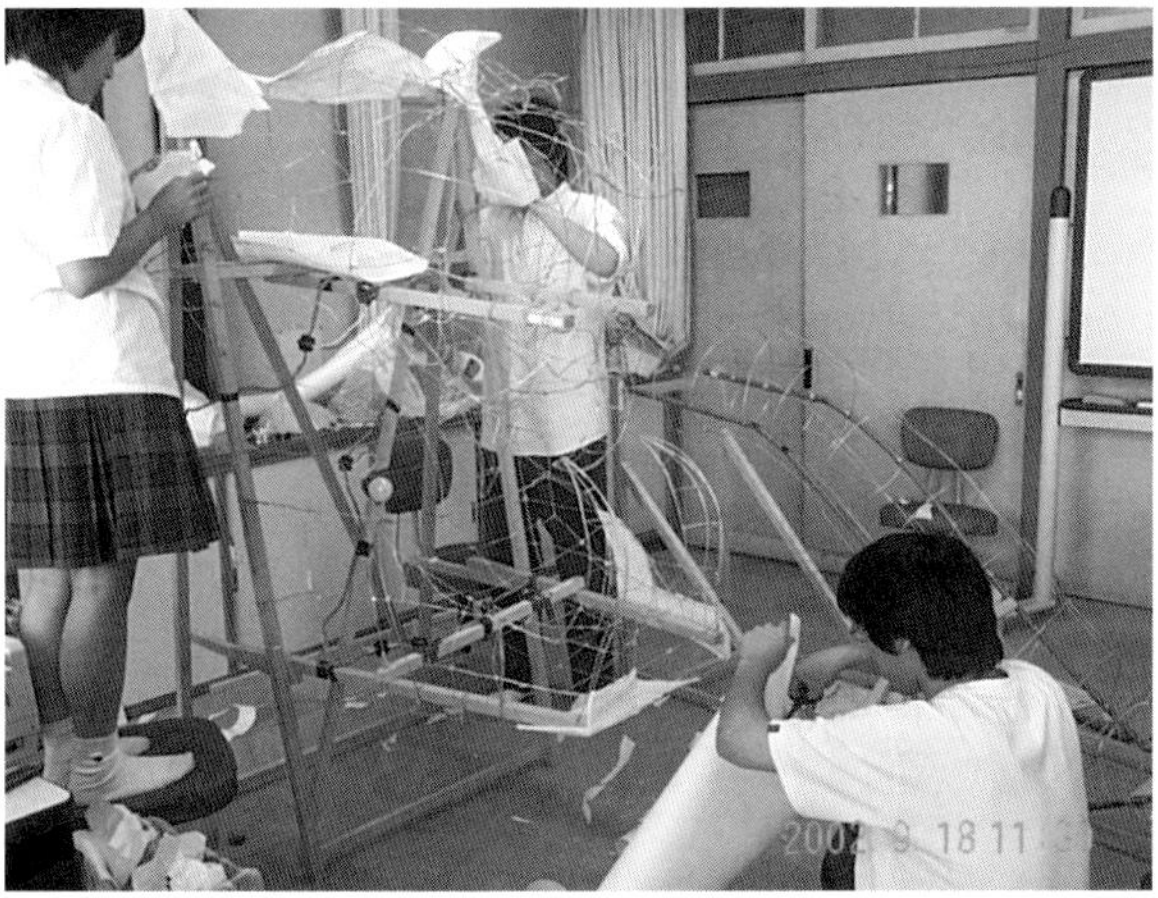

▶紙貼りの作業。

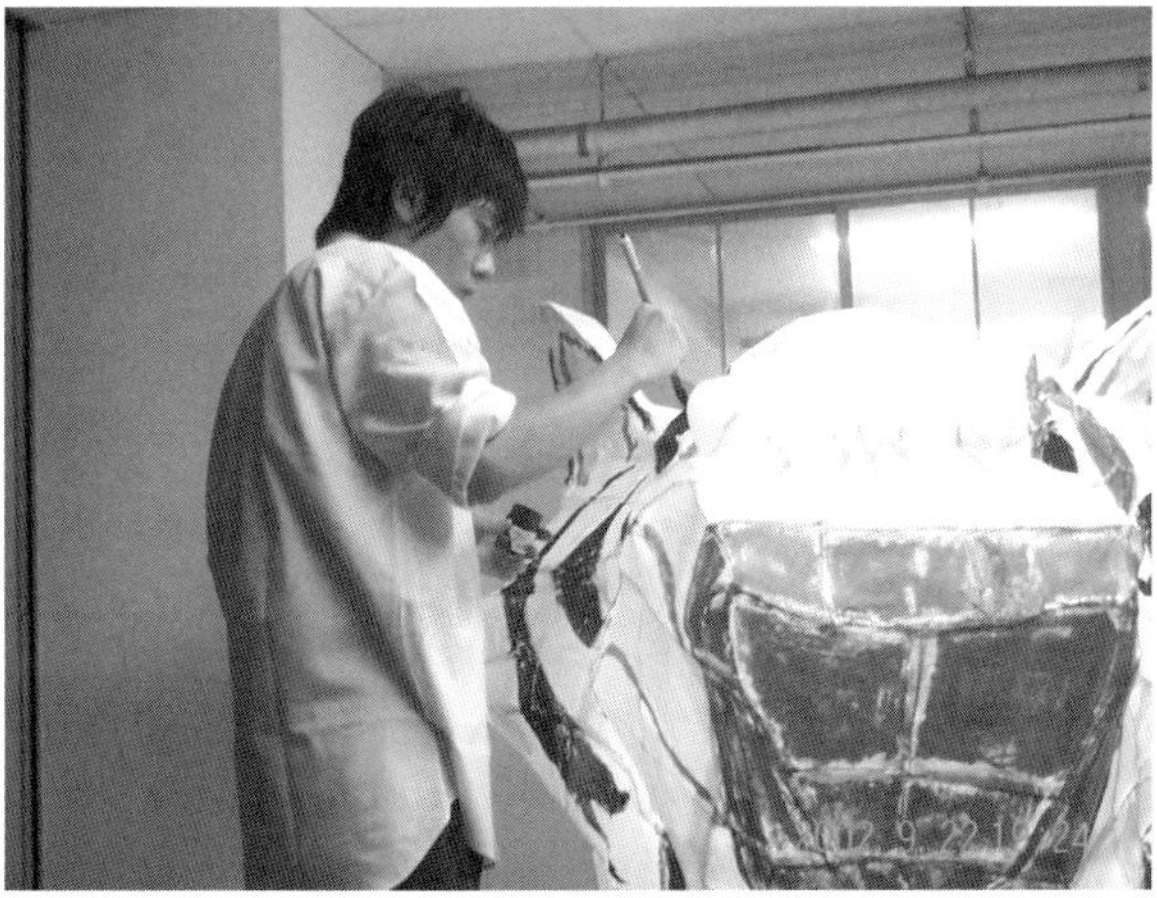

▶ねぶたの命ともいえる目の部分の色塗り。

「ピカチュウ」と「魔女の宅急便」

■■——千葉・千葉大宮高校図書委員会

本校の図書委員会は、生徒会活動の一環として、各クラスから2名ずつ選出され38名で活動している。活動内容は新聞作り、映画鑑賞会、貸出当番、イベントの4つの分担に分かれるが、薔薇《ばら》祭（文化祭）はイベント係が行う。

委員会活動のメインはこの薔薇祭参加で、毎年力を入れている。昨年（平成10年）は、マンガの館に張りぼての巨大ピカチュウの製作。今年は「The story of Light & Shadow」（光と影の物語）を主題に影絵を制作した。いずれも夏休みに入る前に企画し、夏休み中に材料の準備、細かい計画を立て、9月に入るとすぐに、作業にとりかかった。

ピカチュウは竹をさき、角材を支柱に骨組みをし、ピカチュウの形に竹で肉付けをしていく。高さが2・7メートルになるので、他の教室に移動する都合上、耳は取りはずし式にした。

骨組みが終わると新聞を三重に貼る。新聞紙がよく乾いたら繊維壁に絵の具で

▲昨年の取り組みは2・7mのピカチュウ。

◀裏から光をあて影絵に！

色をつけ、手で少しずつ貼り付けていく。これで出来上がりだが、乾燥するまでに3日はかかるので、それを考慮して作業をすすめていった。

繊維壁を使うのは初めてだったので、入り口の看板用に繊維壁を使って絵を描き、色、固さ、乾き具合などテストしておいた。総材料費は約2万円、製作日数は約1カ月、毎日少しずつこつこつと作業をし、完成した。

今年の影絵は、教室の天窓（なるべく予算を節約するため）に「魔女の宅急便」の20場面を切り抜いた黒のラシャ紙を貼り、その上に色分けしたセロファン紙を貼った。出来上がったものに障子紙を貼り、裏から光をあて影絵にした。

▲キキが街にやってきた！

さらに、キキの降りた街も再現しようと、発泡スチロールに色をつけ、海と丘を作り、銅線を半田付けし、家の形にしたものに、障子紙をボンドで貼り、マジックで窓・ドアなどを描き色をつけた。主題の通りそれぞれの家には、クリスマスツリーの電飾を一つずつ入れ、光を点滅させ、ミラーボールも作った。

ピカチュウではみんなで協力して一つのものを作りあげ、影絵では、一人ひとりが細かい作業に熱中して出来上がった。いずれも薔薇祭が終わると、図書委員の呼び出しをかけなくとも、頻繁に図書館に顔を出してくれるようになり、2学期からの活動がとてもやりやすくなった

ピカチュウは隣の養護学校で現在も展示してくださっている。影絵は養護学校の文化祭で、スペースをお借りして発表の機会をもたせていただいた。こうして成功したのも、他の先生方の知恵と理解があったからだと思う。

（司書／小川　夕岐子）

巨大ドームに食パンアート

茨城・真壁高校「晨《しん》光祭」

▲直径10メートルの巨大ドームが４つ。中では「戦争展」と「農業展」が。

　私たちの真壁高校は創立90周年を迎えた伝統校で、農業科、環境緑地科、食品化学科、生活科学科、普通科の5学科から成っています。文化祭（晨光祭）は3年に1度の開催で、ここでは各クラスが趣向をこらした模擬店と、クラスの力を結集した展示発表の２つの柱から構成されています。

　しかしミレニアムの２０００年はこれまでと異なり、農業科の連合企画（正門の大凧、巨大壁画「原爆の図」、巨大ドーム、餅つき・餅まき）や環境緑地科の「日本庭園」、食品化学科の「食パンアート」、ＰＴＡ企画の模擬店など、例年に見られない記念すべき取り組みがありました。その中から幾つかを紹介したいと思います。

【巨大ドーム】

　このドームは本校から見える筑波山と加波山をモチーフにしたもので、直径10メートルの円形を4つつなげ、全長40メートルを超えるものでした。中では戦争展と、農業展を行いました。

　戦争展では、写真パネルを中心に展示を行い、巨大壁画と合わせて「戦争を考える」という私たちのテーマに沿った内容になっていました。

　また農業展は、昔から現代までの農機具の展示や、国内で生産されている野菜の原産地をしめすパネルなどが中心で、現在取りざたされている環境問題につながる内容になっています。

　ドームそのものは、一切の無駄な骨組みは使用せず、風圧のみで立ち上げる方法を採用しました。自然の力で立つドームの中で、自然環境を考える農業展と、環境を大きく変えてしまいかねない戦争を扱ったのがこのドームです。

【巨大壁画・原爆の図】

　全長が65メートルに及ぶ巨大壁画（左ページ真ん中の写真）は、丸木位里・俊

◀パンを焼くところから始めた食パンアート「モナリザ」。

夫妻の「原爆の図」を再現したものです。

ベニヤ板に原画を謄写し、その上からペンキで着色する作業は2か月を要しました。農業科が一丸となり、休みの日も作業を続け、完成させました。

【食パンアート】

文化祭当日、来賓入り口となった職員玄関に飾られた「モナリザ」は、その大きさが縦2・8メートル、横2・1メートル。手作りの食パン300枚を使った食パンのアートです。

これができ上がるまでにはさまざまな問題がありました。絵柄から絵に合わせた焦げ色の調整、顔の表情の付け方。何度も失敗して、ようやく完成したのは文化祭の数日前でした。

食パンアートは他県の高校でもすでに行われていますが、私たちが胸を張って誇れるのは、素材が既成のパンでなく、食品化学科の実力をアピールするため、食パンを作るところから始めたことです。

【PTA企画・模擬店ほか】

こうした生徒の企画のほかに、保護者の方々がさまざまな形で文化祭に参加してくれました。模擬店企画では、「輪投げ」「タコ焼き」「手作り豆腐」「挽き立てコーヒー」「野菜販売」。

さらに7月の七夕の時期に「親から子へのメッセージ」「子から親へのメッセージ」という形で取り組んだ短冊を、校内にまとめて展示しました。

こうした積極的参加型のPTAは全国に数少ないと思いますが、今回の文化祭はとりわけ保護者の方々と一体になって行ったところに、大きな成功のカギがあったような気がします。

（生徒会長／宮山　勇介
3年／石井　裕幸）

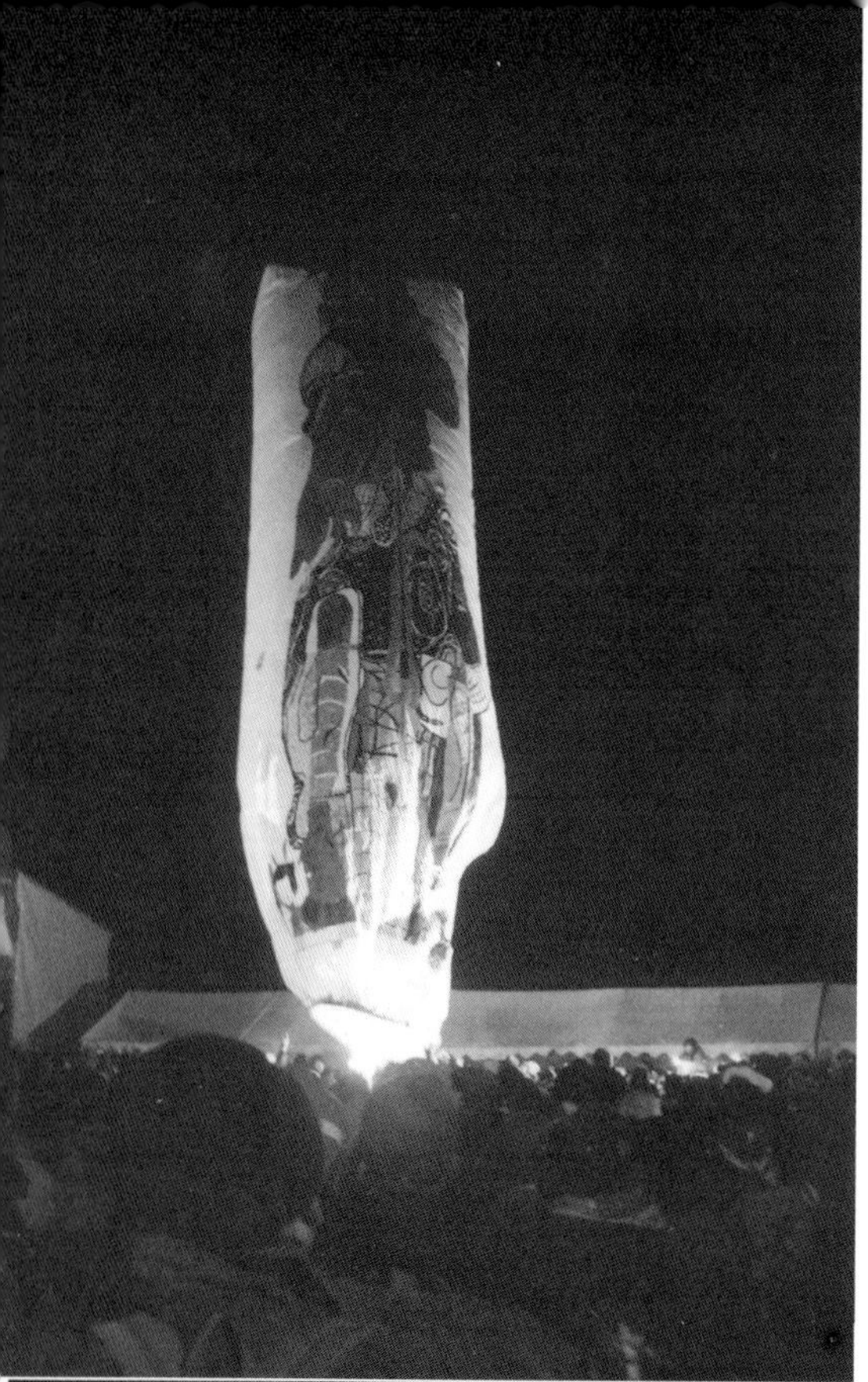

◀タンポに火が入り、赤々と浮かび上がった赤鬼。

厳寒の夜空に飛んだ巨大紙風船

■――青森・弘前東工業高校２年Ｇ組

本校の文化祭は１年が学年での取り組み、２年が学級の取り組み、３年が模擬店となっている。２００１年４月、私は持ち上がりで２年Ｇ組（自動車科）の担任となった。

担任になる時、私が必ず掲げる目標の一つに「行事はでかく、そしてロマンを実現しよう」がある。

しかしその前年、我が家は息子が突然の病気で亡くなるという思いがけない不幸に直面し（注・これは、病院が適切な治療を怠ったためとして、現在、医療過誤裁判を係争中）、行事には全く取り組めず、家族も大きく落ち込んでいる中で、やっとの思いで２年の取り組みを始めるという状況であった。

文化祭では「絶対にでかいものを」と心に決めたものの、生徒にどう伝え、どう取り組ませるかは未知数だった。

実はその年の２月、私は偶然テレビで秋田県西木村の紙風船祭りを見た。江戸時代の発明家・平賀源内が冬の遊びとして西木村に伝えたというもので、この地域が一番寒い季節を迎える２月、和紙で作った紙風船をバーナーの熱風で膨《ふく》らませ、風船の下の灯油を染みこませた布（タンポ）を燃や

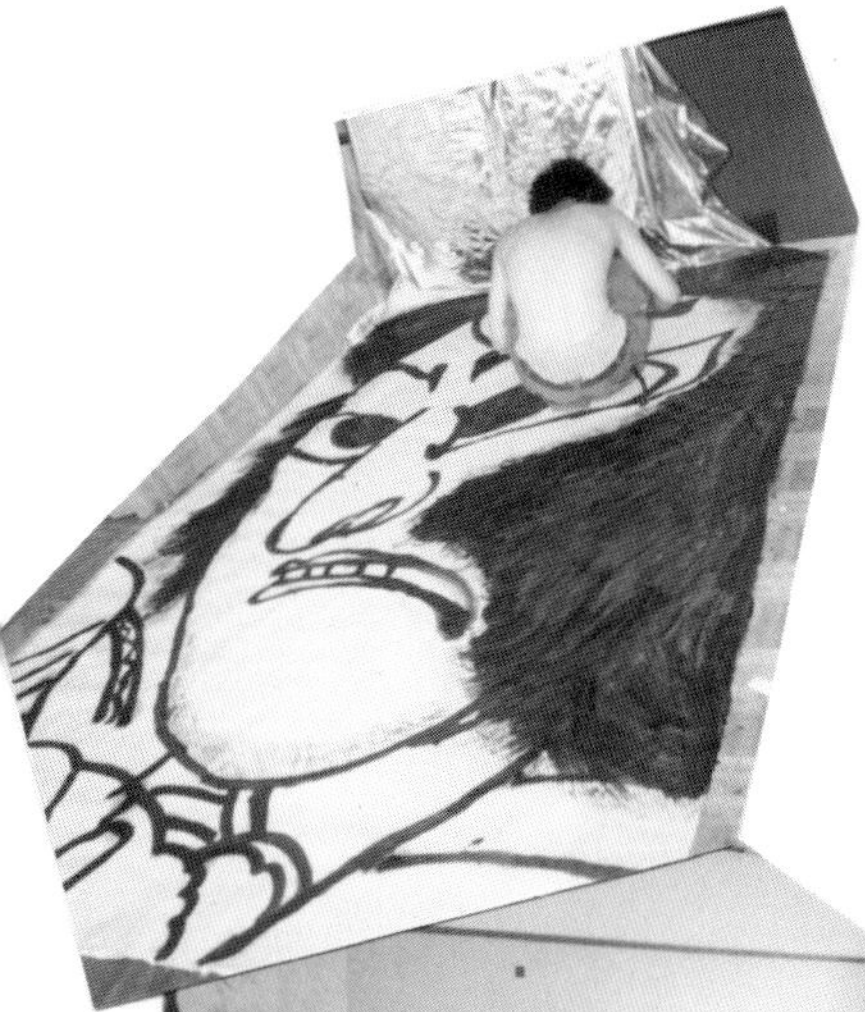

◀旧校舎で色塗り作業。使ったペンキは膨大。

して上空に浮かばせるというものである。

文化祭は10月11日から3日間。クラスのみんなにこの構想を持ち出しかねていた7月、生徒の母親から悲鳴のような電話が入った。息子が無免許運転で捕まり、警察に拘留されたというのだ。

バイク好きのその生徒は廃車のバイクを手に入れ、夜中に一人で走っていた。もちろん無免許である。しかしその日、警察は暴走族の取締中、彼も暴走族の1人と見られ、10日間の拘留を申し渡されたのである（結果的に拘留は1カ月）。

生徒には悪いが、私はこれを一つのチャンスと踏んで、夏休み最後の8月19日、班長たちを中心に我が家で「Q男を励ます焼き肉パーティー」を開くことにした。

集まった12人は1万円分の焼き肉をペロリと平らげ、私の提案した紙風船の取り組みにやる気満々、成功したときのマスコミインタビューの練習までして意気揚々と我が家を引き上げたのである。

紙風船作りは2学期の教室で発表した。形は灯籠型で幅4メートル、その表と裏側にねぶた絵、左右（脇、2㍍）にはクラス名と文化祭のテーマを墨字で入れる。メインの絵は赤鬼が金棒を持って立つ五所川原の立ちねぶた「鬼が来た」と決定。全長15メートルは五所川原の立ちねぶた13メートルを超える大きさである。

まずハガキ大の原画を拡大、それを35等分して全員に割り振り、自分の持ち分を責任を持って描き写し、色塗りをしていく。

私は夏休み中、1人で西木村を訪ね、保存会の人から作り方を教わってきた。そこで心配されたのは、寒気を利用して上がる風船が、果たして10月という時期に上がるかということだった。しかし、とにかくやってみるしかない！

西木村に特別注文した紙風船用の和紙が届いた。材質は障子紙である。この巨大紙風船のほかにもう一つ5メートル大の紙風船、教室の展示用として50㌢大の風船を1班で2つ、計12個作る計画だ。

作業は旧校舎の空き教室を使って連日放課後、それも全員一斉にはできないので、日程を決めて交替で作業を進める。色塗りに使うのはペンキだが、その使用がすごい。

「先生、赤足りね。買ってけ」

「先生、今度は黒足りね。白も！　すぐ買って来てけ！」

そのたびに私は車を走らせてペンキ屋に向かう。まるでパシリの毎日である。

縦10×横2メートルの試作品を作って初飛行を試みたのは9月17日。

西木村の紙風船はマイナス10℃という季節、その寒気とバーナーの温度差で飛ぶ。外気が冷えていないこの季節では、バーナーで熱を送っても素材が和紙のため熱が外に漏《も》れてしまう。そこで和紙の内側に熱気球の要領でビニールを貼って二重構造にしたのだが、その奮闘もむなしかった。熱の弱いバーナーを使っても、暖房用のジェットヒーターを使っても風船はふくらまない。当初心配したとおり、外気が高すぎることがネックなのだ。

紙風船は、外気との温度差が30度必要だと言われる。しかし色塗りに連日頑張っている生徒たちを思うと、このままあきらめるわけにはいかない。

西木村保存会のアドバイスで、小さいバーナーを買い求め、日曜日、再度実験を試みたものの、やはり失敗。「ロマンを実現しよう」と呼びかけ、困難な作業を生徒に強いながら、いまさら風船は上がらないと言ったら、生徒はどんな顔をするだろう。眠れない夜が続いた。そして私はこう決断した。

「文化祭では4枚の絵を屋上から吊すだけ。2月に西木村で紙風船祭りが行われる。そこにこの迫力ある絵を持って行って本番に参加したい。そのためにも今この作品を完璧に仕上げて、その写真を送って参加を要請したい」

生徒たちの反応は意外だった。

「うんうん、がんばるべし！」

そしていよいよ文化祭。しかしこれが悲惨だった。前夜、4枚の絵の吊り下げ作業。立ちねぶたの赤鬼は屋上から5階、4階を通って食堂を通り1階まで吊り降ろす。しかし強風と雨で絵の一部がベリベリと破れてしまった。

明けて翌朝。この日も空は雨模様。場所を変えて再度挑戦。しかし吊り下げて40分、雨足が激しく、これ以上は無理と判断、泣く泣く撤収作業に移る。全長15メートル、豪快な赤鬼がみんなの前に姿を現したのはわずか40分だった。

西木村から「参加大歓迎」の連絡が入ったのは文化祭から約1か月を経た11月。祭りは2月10日である。当日は観光客1万人、全国の新聞、テレビも来るはずだ。「最高のリベンジに向けて参加者を募ります」と、学級新聞で呼びかけたものの、私の心中は複雑だった。

もしまた失敗したら…。それに生徒の

▲文化祭当日。２Ｇの展示教室の入り口に吊り下げた５メートル大の武者絵。左は風雨の中、５階から吊り降ろされた15メートルの立ちねぶた。

熱気が冷めてしまうことも怖かった。いっそやめてしまおうか…。だが、そんな私の背中を後押ししてくれたのが亡き息子だったような気がする。「オヤジ、ここでやめたらおかしいぞ！」と。

西木村紙風船祭りが近づいてきた。参加希望者は班長を中心に8人。その彼らと赤鬼の補修作業が始まった。持参するのはこの赤鬼と、5メートル大の武者絵紙風船の2つ。2月9日、私が運転するワゴン車に乗って西木村へ向かう。

その夜、宿泊先の公民館に保存会の人が訪ねて来てくれた。そして念入りに点検した結果、「15メートルはこれまでで最高の長さ、こんなのは見たこともない。ただ風にもよるが、飛ばないかもしれない」と言う。不安が広がる。

翌10日、いよいよ当日。午後3時、外の気温はマイナス10度。五穀豊穣《ごこくほうじょう》や家内安全を祈って、村内の集落や小・中学校の子どもらが製作した紙風船があちこちから上がり始める。私たちのグループにも声がかかった。小さい方の風船を上げてくれる場所が見つかったとのこと。

バーナーで熱気を吹き込む。わずか5分、一気に立ち上がった。

「おー！」、だがその瞬間、風船は横倒しになって破れた。

「ガムテープ、補修早ぐ、せ！」

再度トライ！　今度は見事にふくらみ、たかだかと大空へ！

東北の冬の夕暮れは早い。午後6時、もう日はとっぷり暮れていた。その時だ。保存会の会長さんから声が飛んだ。

「先生、今チャンスだ！　生徒集めてけ！」

外気の温度が下がり、風がお

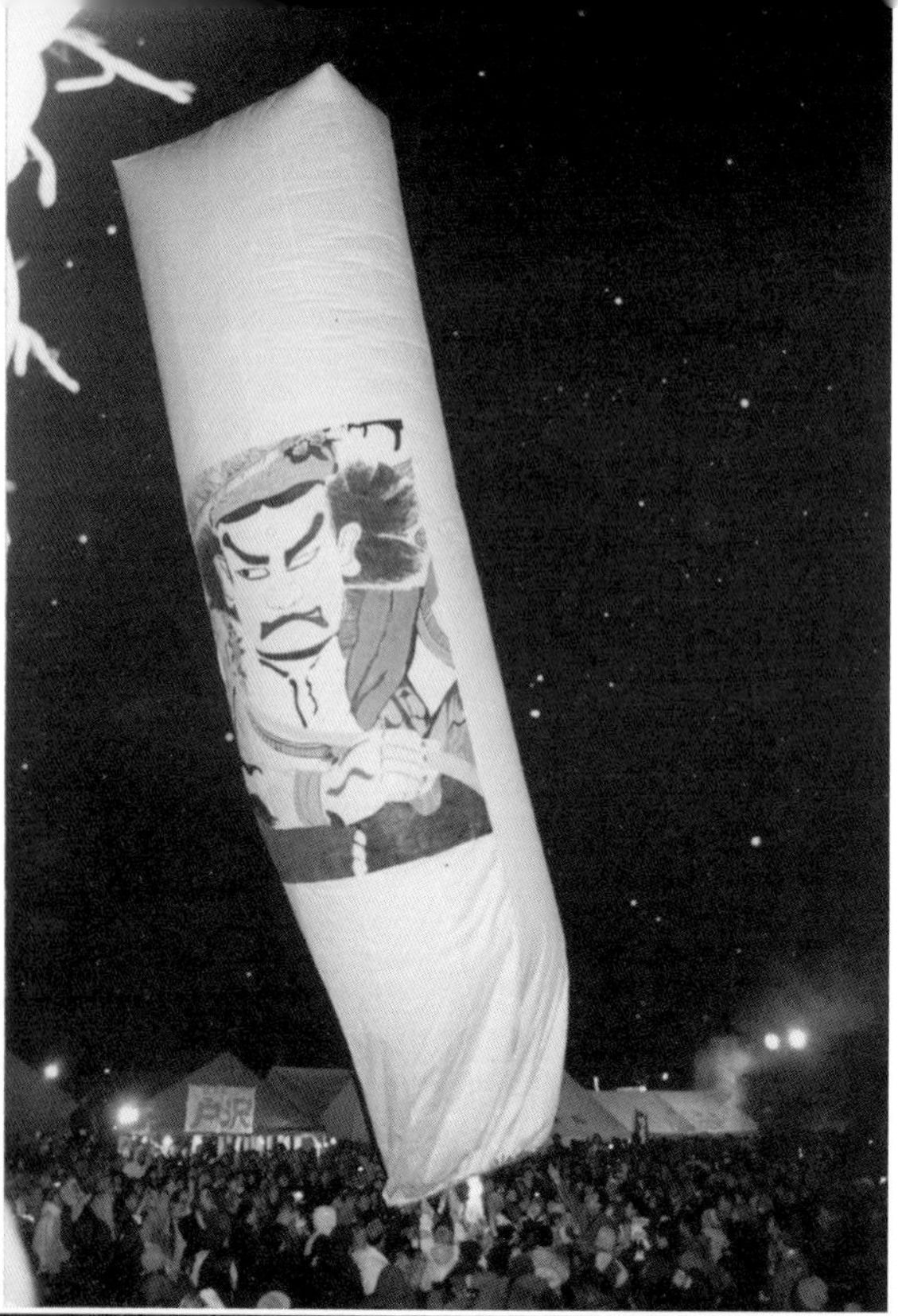

▲雪の降る夜空に風船はゆっくりと上がった。

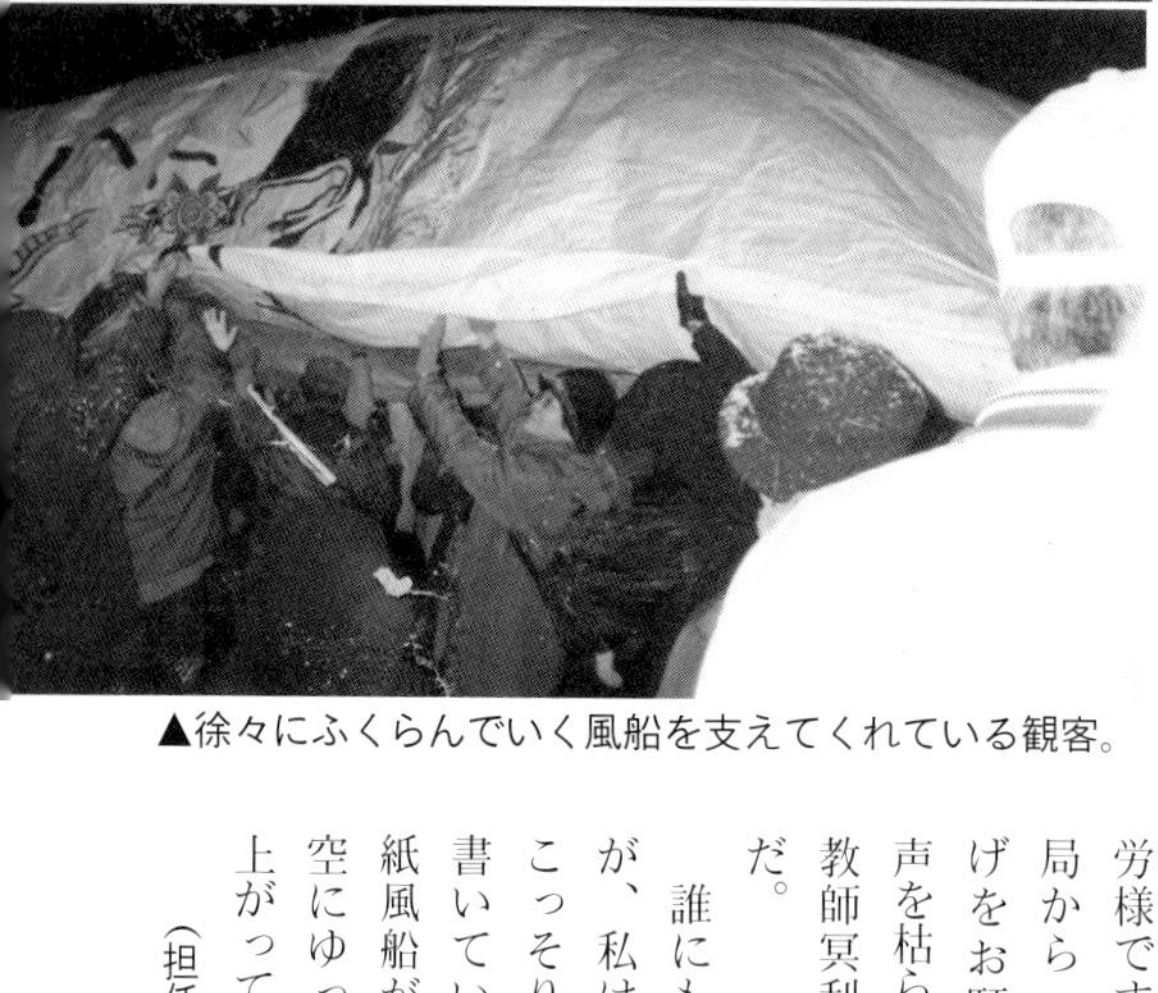

▲徐々にふくらんでいく風船を支えてくれている観客。

さまった時が最大のチャンスなのだ。アナウンスが告げる。

「弘前東工業の生徒さんが作った巨大風船を上げます。ご注目ください」

「長い風船です。手伝ってください」

見物人たちが続々と集まり、風船の一端を持ち上げてくれる。百人はいただろうか。バーナーで熱気を入れ始めた。緊張の一瞬！

「ここ穴あいてる。すぐ直せ。ガムテープ、こっちも直せ！　早ぐ！」

赤鬼がゆっくりと立ち上がった。ウォーッというどよめき。しかし、次の瞬間、ユラッ。悲鳴が聞こえる。これで失敗か…。しかし地元の人たちはあきらめない。

「大丈夫だ！」と会長。

ふくらんだ！　15メートルの立ちねぶたが見事に立ち上がった。入り口のタンポに火が入ると、金棒を持った赤鬼が赤々とみごとに浮き上がった。会場から大歓声と拍手。再びアナウンス。

「今、弘前東工業高校の紙風船が成功しました！」

「胴上げだ！」と生徒たち。私の体が宙に舞う。保存会の会長が「いがった、いがった」と、生徒全員と手を取り合い、抱き合う。村長が飛び出して来て「ご苦労様です」と。テレビ局から「もう一度胴上げをお願いします」。声を枯らして生徒たち。教師冥利に尽きる瞬間だ。

　誰にも言わなかったが、私は紙風船の裏にこっそり息子の名前を書いていた。その巨大紙風船が、雪の降る夜空にゆっくりゆっくり上がっていった。

（担任／附田　政登）

工業高生の力が光る「急流滑り」

■━大阪・今宮工業高校機械科３年Ｂ組

▶完成した急流滑りをゴムボートで滑り降りる。

高さ５㍍、長さ10㍍の急流滑り「下出の滝下り」は工業高校でしかできないアトラクションであり、文化祭の目玉となった。クラス全員の総力で構想から一カ月、製作にかかって４日間で完成した。

設計図は作ったものの、なかなか図面通りには進まなかった。クラスを足場担当、滑り台担当、プール担当の３班に分け、作業を開始。製作は授業の復習である。骨組みの材料は鉄骨なので、すべてアーク溶接やボルト締めである。

▲総重量200Kgの滑り台をロープでつり上げる作業。クラス全員息が合わなければ組み上がらない。

組み立て作業では滑り台部分上部をロープで吊り上げ、下部の部分をボルトで接合。総重量２００kg。高所の作業なので、一つ間違えれば事故になる。プールは５×３㍍、滑り台上部からは水中ポンプでプールの水を循環しながら流した。

生徒は自分の得意分野で力を発揮し、活躍した。高校生活最後の文化祭で他校では見られないアトラクションが完成し、生徒たちは工業高校生としての自信を持ったに違いない。

（担任／下出　豊勝）

▲下に設置したプールをめがけて楽しむ生徒。

▲３Ｎねぶた「どんぐりとやまねこ」。

霜降る夜に七基のねぶた

――福島・あさか開成高校定時制「星夜祭」

「『星夜祭』って私の案なんです」

Ｒさんがうれしそうに言う。そのタイトルに導かれるように、この文化祭は宮沢賢治をテーマとすることに決まった。定時制と「銀河鉄道の夜」に象徴される賢治の夜のイメージが重なったのである。

あさか開成定時制の「星夜祭」は、ねぶたパレードと一般公開・後夜祭の2日問。芸術鑑賞会も同時期に予定された。この鑑賞会は本校の体育館で、生徒たちのためにと企画を進め、『賢治幻想』の著者で、「短歌絶叫コンサート」という新しいジャンルで活躍されている福島泰樹さんをお呼びすることになった。

文化祭の実施は前年度から決まってはいたが、具体的な企画も検討されないままであった。しかし今年4月、「3年後に本校がなくなる」という突然の報道によって、にわかに「最後の文化祭になるかもしれない」「ぜひとも成功させなければならない」という強い思いが生まれてきた。

星夜祭日程とプログラム

➡10月15日（木）福島泰樹短歌絶叫コンサート『賢治幻想』

➡10月23日（金）ねぶたパレード
- 注文の多い料理店（1Ｎ、3Ｊ）
- 双子の星（1Ｊ）
- 賢治のトランク（2Ｎ）
- やまなし（2Ｊ）
- どんぐりとやまねこ（3Ｎ）
- 銀河鉄道号（一般）

➡10月24（日）一般公開
- プラネタリウム・星の世界（1Ｎ）
- 宮沢賢治といえば（1Ｊ）
- 賢治の部屋（2Ｎ）
- ＳＥＧＡＳＡ（2Ｊ）
- 折り紙クラブ（3Ｎ）
- リサイクルアート星夜祭（3Ｊ）
- 星夜祭アーチ他

そんな思いを学校全体の願いとして持ち続け、一つの動きを生み出すことができたのは、『開成かわら版』のお陰である。はじめは週1回発行の壁新聞だったが、地域版を生徒が配布したり、毎日生徒に一部ずつ発行しライブ感を伝えたり、文化

◀２Ｎねぶた「賢治のトランク」。

祭とリンクしながら進化を遂げていった。

　わがクラス２年普通科（２Ｎ）は36名のおとなしいクラスである。夏休み前に、何度話し合いをしてもまとまらない。アイデアを持っていても内気な彼らは人前に出そうとしない。しかし、夏休みが明けて、のんき気なことは言っていられなくなった。

　２Ｎのねぶたは「賢治のトランク」。人数の多さを生かして、賢治の抱えるトランクの中に、班ごとに作った童話の中のキャラクターを詰め込むというもの。９月中旬頃から、時間の自由になる人たちが登校時間の３時間も前に集まってくるようになった。

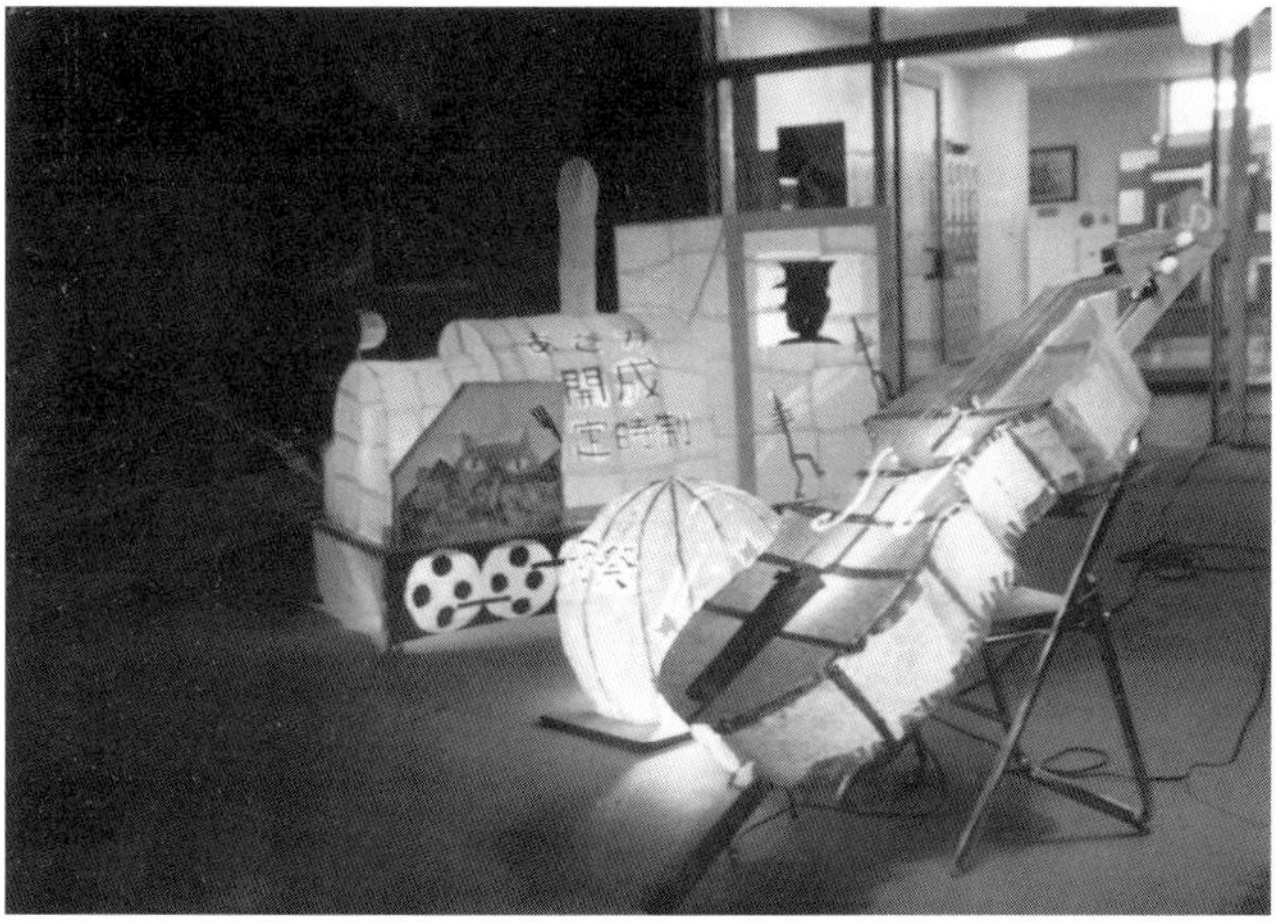

▶ねぶた試作品。チェロと銀河鉄道。

　いま定時制はどこもそうだと思うが、本校も、小・中学時代、不登校だったり、いじめにあって学校嫌いになった生徒たちが多い。自分のままならない感情とたたかうＴさんは、１人で「月夜のでんしんばしら」を作りつつ、何かをふっきってしまった。パレードの開会式で、堂々と、ねぶたの説明をするほどとなったのである。

　ねぶたが一段落つくと、一般公開準備へ。山猫の口の中に入ると、そこは賢治童話の世界。「やまなし」「銀河鉄道の夜」「大きな絵本」と、それぞれの部屋を教室に作ることになった。

　理科室に集まってきていた人たちが核になって、クラスの準備が進められていく。心配なところはまず、彼らに相談する。必ずおもしろいアイデアを返してくれる、頼りがいのあるリーダーたちになっていた。

　彼らは『かわら版』委員としても、実に有効に動いてくれた。見ず知らずのドアを叩き、「星夜祭」の宣伝をする彼ら

▲３Ｊねぶた「注文の多い料理店」。

▲外につるすリサイクルアート完成（３Ｊ）。

に、学校に行けなかった頃があったとは想像しがたい。

「私、親とたたかってたんだ。学校に行かなきゃダメだって言う親と…」

陰の実行委員長であったＹさんが、編集室と化した進路室で話し出す。他愛ない話から、心の奥深くまで、いっぱい語り合えた時間でもあった。

10月15日、福島泰樹コンサートで文化祭の幕は開かれた。

そして10月23日、ねぶたパレードの日の天気予報は雨。どうか晴れますようにと、にこにこ笑うてるてる坊主を作った。

そして、祈った。真摯な心は、天気さえも変えてしまうのか、パレードの日も、一般公開の日も、雨は降らなかった。魔法をかけられているようだった。

みんながかんばって完成したねぶたは、計7基。生徒たちによって命を与えられたねぶたは、本当に悲しいくらいに輝いていた。

10月24日（土）。一般公開は限られた時間の中で、驚くほどのお客さんが来てくれた。

後夜祭は、ライブ「かわら版」である。自分たちの感じたことをみんなの前で、自分の言葉で語った。大きな動きの中に自分たちがいたことを確認し合えた。

教員からのビックリプレゼントの賢治のイルミネーションが最後に点灯された。「バイバイ賢治」である。目をつぶれば、今でも賢治は手を振っている。

今、ようやく私たちは無事日常に戻ってきた。けれど、前とはみんなどこか違っていることに、何となく気づいている。

（教諭／岡田　れい子）

School cultural festival

第4章

校内外を飾る壁画

「平等院」を巨大日本画で描く

京都・立命館宇治高校第1学年

▲細部にまでこだわり、池には水面に映る平等院鳳凰堂を見事に表現。

本校は毎年10月末に興風祭（文化祭）が行なわれる。各学年の学年企画が毎年大きな見ものになっている。

今年度（1999年）第1学年では、何をするか。本校は2002年に新校舎へ移転することが決定し、この学年は現在の校舎から巣立つ最後の学年ということになる。そこで、「21世紀を迎えるというこの時代の移り変わりの中で、自分たちの足跡を残そう」をテーマとして打ちだし、展示を制作することにした。

そのテーマとして選んだのは、世界文化遺産に指定されている「平等院」である。この「平等院」を巨大な日本画で描くという壮大な計画に実行委員約30名が集まり、日本画が専門の美術科の辻野宗一先生の指導の下、動き出した。

7月末、デジタルビデオカメラで正面からの平等院鳳凰堂を撮影、それをパソコンに取り込み、画像処理を施して横一列6つの部分に分けて、それぞれA4用紙でプリントアウトした。

ここから2日間かけて拡大コピーを繰り返し、縦1・8メートル×横5・4メートルの「コピー平等院」を作った。

次の作業は、縦1・8メートル×横0・9メートルの6枚のパネルそれぞれに貼られた和紙にコピーの絵を写し取ること。拡大コピーの一つひとつのパーツの下にカーボン紙を置き、上からコピーの絵をなぞるのである。

8月末、墨での骨書きが完成、いよいよ彩色の始まりだ。日本画では、顔料を「にかわ」（動物の骨、皮、腸などから水で抽出したゼラチン）で溶いたものを絵の具として用いる。今回の顔料は、平等院内の扉絵に使われている天然の顔料と同じものを用いた。

9月。興風祭まであと2カ月を切った。毎日毎日色を塗るも、あまり変化のない日本画、実行委員たちは焦りの色を隠せなかった。実行委員の間から「もう、できひん。間に合わへん」というあきらめの声が出始めたとき、その暗い雰囲気を吹き飛ばしたのは、辻野先生のひと言だった。

「絶対、間に合う！　間に合わせるんや、ここまでやってきたやろ！」

▲完成した作品をバックに笑顔の実行委員たち。

大きなテーマを持ったこの学年企画には、もう一つの目玉があった。それは、1年生５００人全員による「一人一筆」。1クラス15分ずつの作業で、必ず一人ひとりが絵のどこかに筆跡を入れるよう呼びかけた。

1年生全員の一人一筆の思いを胸に、実行委員は「絶対、完成させてみせる！」と最後のスパートをかけた。今まで細かい塗り方から大胆な塗り方に切り換えることで、絵に躍動感が出てきた。特に、平等院鳳凰堂の前の池の部分には、にかわの代わりにたまごの黄身を使用し、水面に映る鳳凰堂を見事に表現した。

▲色塗りは根気のいる作業だった。

興風祭前日夕方。展示会場（体育館）にて6枚つなぎあわされた日本画の前には、実行委員たちの笑顔があった。夕日に照らされた日本画は、思わず息をのむほど美しかった。

興風祭当日には、平等院の住職さんにこの日本画を見に来ていただいた。

「このように正面から平等院を捉えた日本画は室町時代以来、描かれたことがない。立命館宇治にくれば、これを見ることができるんですね。本当に嬉しいです」と、絵から離れ難い様子だった。

あれから5年、平等院日本画は移転したばかりの新校舎の2階のラウンジに展示されている。これが、第1学年の大きな思い出になることは言うまでもない。この描かれた平等院の裏には、一筆入れた1年生全員の名前が刻まれている。

（教諭／木越　貴之・辻野　宗一
学年企画実行委員一同）

▲モザイクで描いたのは映画『タイタニック』の名場面。

映画の名場面をモザイク壁画

──長崎・諫早《いさはや》東高校1年4組

《私たち1年4組は、映画『タイタニック』の名場面を5×7メートルの巨大な壁画にしました。黒、白、赤、クリーム、やまぶき、橙、黄、茶、こげ茶の計9色の色紙を使用し、それを2・5センチの正方形に切って台紙に貼りました。貼った色紙の数は5万2千440枚、1人平均1300枚くらいになります。みんな初めての経験で、想像もつかない大きさに圧倒されながらも、全員で一生懸命頑張りました》

これは校内の案内パンフレットより抜き出したものですが、取り組みのおおよそがつかんでいただけると思います。

「文化祭で何をやるか」、私たち文化祭実行委員2名のほかに4名の企画検討係を選出、幾つかの原案を作ってクラスに提案、何度かの話し合いの末、夏休みに入る直前にやっとモザイク壁画に取り組むことが決まりました。

文化祭の準備期間は体育祭の後の7日間。9月16日から全員で作業がスタートできるよう、夏休み中に次のような下準備をやっておくことにしました。

①パソコンを使って設計図を作成する。これはクラスのパソコン部員にお願いしました。色紙の大きさや点の数を決めて壁面の大きさを決める↓原画を取り込む↓文字を書き込む↓色を減色して八色程度に↓全体を分割（30等分）して印刷。

②台紙を作成する。B4用紙に2・5センチ単位の枠を印刷、それを4枚貼りつけて台紙とする。これを120枚準備。

③色紙の数を数えて注文。色紙が届いたら2・5センチ四方の大きさに切る。

ところが、誰もが初めての体験で段取りも悪く、夏休み中にすませておくはずだった作業のかなりの内容が9月にずれ込んでしまいました。この時は、正直言って間に合うかどうかとても不安でした。けれど、色紙を貼り始めると、みんな夢中になっていました。

色紙を貼っていくのはとても楽しく、

たくさんの人が遅くまで残って作業を続けたので、休日登校を1日設定するだけで何とかできあがりました。

大変だったのは校舎の壁に吊す作業でした。前日からの雨で、4階の窓から外壁に飾ると決まったものの、4階から運び降ろすところで心棒が折れたりしてヒヤヒヤの連続でした。でも悪戦苦闘の末、無事飾り終えた時は感動的でした。とてもきれいで、まわりから歓声も上がっていました。

▲9色の色紙を5万2千枚貼りこんだ。

私たちの学校は、普通の日でも風の強いところで、風雨の中、先生から「このまま外壁に飾っておいては2日目までもたないだろう」と言われ、1日目の終わりに、降ろしておくことになりました。

ところが雨と風の中で降ろすのも大変で、風にあおられて破れたり、色紙がはげたり。悲鳴が飛び交う中を、やっとのことで降ろしたものの、放課後はその修理がまた大変でした。

2日目は早朝から登校して、外壁は無理だとの判断で、体育館のギャラリーに飾りました。

このように、いろいろと大変だったのですが、結果は最優秀賞を受賞してびっくり、みんな大歓声をあげて喜びました。

2日間の展示だけで処分してしまうのは残念だなあと思っていたら、幸い近くの福祉施設にもらっていただくことになりました。とてもうれしかったです。

はじめの計画が不十分だったため、とまどったりしたけど、とても良い作品ができたし、思い出に残る素晴らしい文化祭になりました。どんなに大変なことでも、最後まであきらめてはいけない、みんなで力を合わせて頑張れば何とかなるものだなあと感じています。

（1年／本田　奈美、担任／吉武　輝美）

巨大ネット壁画「落ち穂拾い」

和歌山・新宮商業高校2年1組

「今年の文化祭展示はどうする?」
「やっぱり、ネット壁画がしたい!」
「クラス全員でできるもの」「でっかいもの」という条件を提示し、ホームルームで話し合った。

しかし、新宮商業高校では毎年、工夫を凝らしたネット壁画が登場していたので、昨年までのものより目を引くものをということで、さらに話し合った。

その結果、より芸術性を高めた(?)作品にしようと、ミレーの「落ち穂拾い」に決まった。大きさは5×10メートルのネット2枚を使用し、作品もひとまわり大きくしようという案でまとまった。

早速、ネットおよび折り紙の購入、折り紙の裁断、そして、設計図の作成が始まった。設計図については、商業高校という利点をいかし、学校のパソコンを利用して作成するという方法をとった。

情報処理の得意な生徒が、原画をパソコンに取り込み、修正や文字の追加を行なう。できあがった画像を元にして設計図を作成するのである。

設計図にしたがって、ネットへ折り紙を留めていくという作業に移った。使用する折り紙の色は8色。ここからは人海戦術で、ただただ折り紙を留めていく。

一見、いろんな色がデタラメに並んでいるように見えるが、全体から見ると遠近感や濃淡をうまく表現する配置になっているので、ひとつのミスも許されない。

はじめの頃は、楽しく話をしながら留めていたが、次第に「カチャ、カチャ」とホッチキスの音だけが教室に響きわたる。ある生徒は放課後、クラブが終わってから、またある生徒は、休日の早朝から作業を行なっている。

「本当にできるの?」「絵に見えるの?」「腰が痛い!」などと叫びながら…。

数日後のある日曜日、ついに完成!

しかし、教室でネットを広げ、全体を見渡すが、絵に見えない。「もしかして、失敗?」と、不安の声があがる。

▲1994年作品「マリリンモンロ
（左）、1993年作品「髪飾」（右

◀1995年作品「和歌山城」。

「近すぎて見えないんだよ、きっと！」

校舎の外へネットを運び、再び広げ、そして、3階へ駆け上がり、窓から見た。

「見える、ちゃんと見えるよ！」

文化祭当日、クラス全員で屋上からぶら下げた。

「おおっ！」全校生徒の目が一点に集中し、何ともいえない歓声があがる。

「すごい、すごい、ほんまにできたんや！」

生徒全員が、ネット壁画を完成させるという目標に向かって、なんらかの形で全員が協力しあい、完成できたことがとてもうれしく思えた。そして、この作品は、和歌山県産業教育フェアへも出展され、好評を得たのである。

（担任／現大成高校教諭・清水　康孝）

▲ペンキと砕いた瓶の色計７色で微妙な色を表現した「富嶽三十六景」。

空き瓶を砕いて富嶽三十六景

■――兵庫・北摂三田高校2年5組

4月23日のHRの議題は「文化祭で何を作成するか?」。実行委員の司会で2年5組は、今までの発想にない何か大きな壁画を作ろうということになり、いろいろ意見が飛びかった。そんな時、一人の女生徒が、

「瓶を砕いて…」

みんなは驚いた。危なくないか? どうやって貼り付ける? 吊ることは出来るのか? 3週間の苦闘が始まった。

わがクラスは運動部、文化部に入部している生徒が多く、この準備期間中に地区の総体や県総体予選が行われ、また文化部の生徒は、当日文化部の発表があり、準備が大変だった。

〔準備の流れ〕

①家にある瓶を洗い、水に一晩つけ置き、ラベルをはがして翌日学校に持ってくる。近くに酒屋さんがあれば不要の瓶をもらう。

②学校で色分けし、色ごとに麻袋を四重にして中に入れ、金槌で瓶を割る。一番外側はガムテープで覆う。割る人は、水中眼鏡と首にタオルを巻いて行った。砕いた瓶は、色別に45リットル入りバケツに保管。

③ベニヤ板16枚にチョークで下描きし、色を記入していく。

④下描きの上にペンキで色を塗る。ペンキは、白・青・黄・黒の4色で、瓶の色は透明・茶・緑・深緑・青の5色。瓶は割る場所で微妙に違った。ペンキと瓶で7色の色ができた。

⑤補強作業。ベニヤは縦4枚を1ブロックにし、合計4組作成。補強を予定していた日が雨で、作業はかなり難航した。ねじ釘を使用し、電気ドリルで補強を行った。

⑦サッカーゴールに建てかけ完成!

(大きさはベニヤ4枚と同等の幅)

〔文化祭前日〕

準備も大詰めの前日は風もあり、雨も降ってきた。ペンキの黒色が雨に混じり

◀作品の両ぎわにクラス全員の名前を表示。

▶完成した作品の前で。みんないい顔！

色がにじんで大慌て。ろ紙で水抜きをして再度ペンキを塗り直し。また、何カ所か瓶がはがれたが、再度乾かし、ボンド付けを行った。ようやく、後は、建てかけのみとなった。

〔当日の朝〕

何が起こるか分からなかった。みんな雨による影響を恐れ、当日は朝6時半に集合。慎重に角度を調整しながら1枚目を設置。最初の設置に成功し、歓声が上がる。あとはズレないように2枚目、3枚目もスムーズに成功。いよいよラストの1枚、慎重に設置し完成！

想像を超えた完成度にみんなの歓喜は格別であった。みんな言葉をそろえ「絶対優勝や！　完璧や！」と叫んだ。

〔結果〕

2年生ながら最優秀賞を勝ち取った。

準備段階からわれわれ2年5組は、

①安全性に配慮し、負傷者を出さないこと。

②学校の諸規則を遵守し、作業終了後の清掃の徹底を毎日行うこと。

③活動は、休日も含め毎日行うこと。

このすべてがみごと達成できた。

作品は、事前に引き取り手を決めてから製作に入ったため、文化祭後にトラブルもなく、満足のいく文化祭となった。

（担任／鴻谷　文夫）

折り鶴3万羽による巨大絵画

神奈川・津久井高校3年7組ほか

企画の出発点は、私の趣味で「折り鶴で巨大絵画を作る」。賛同してもらえるクラスを募ったところ、3クラスで合計3万羽の折り鶴を作ることが決まった。

原画に決まったのはマグリットの「大家族」。まずこれをドット絵にしなければならない。拡大コピーした原画を下にして、縦200×横150の方眼用紙の上から絵をなぞっていく。

絵ができたら、次は配色。折り紙は17色のセットとなっているので、それぞれの色が均等に消費されるように、配色を考えなくてはならない。ドットを拾って電卓をたたく作業が約1週間ほどかかった。また巨大絵画は、70枚のベニヤ板によって構成されるので、それぞれのベニヤ板に対応する設計図を70枚作成しなくてはならない。

この設計図完成後、生徒諸君を苦しめた作業は、ベニヤ板70枚に白ペンキを塗り、黒ボールペンで15×30の方眼を刻むという作業である。黒ボールペンのインク5本が完全に消滅するという難事業であったが、これは3年生の精鋭部隊が見事にこなしてくれた。

▲完成した巨大壁画、マグリットの「大家族」。

文化祭3日前から、設計図にしたがい、折り鶴をベニヤ板にボンドで貼りつけていった。時間とのたたかいかと思われたが前日にはすべて貼り終えることができた。

当日は、晴天のもとベニヤ板の裏に書かれた記号にしたがい、中庭に並べていった。完成した作品は見事なもので、最後のベニヤ板を並べる瞬間には、私は不覚にも目が潤んでしまった。

（3年7組担任／三木　芳裕）

折り鶴で「長崎・平和祈念像」

―東京・江東商業高校商業科2年B組

▲祈念像の上の文字は「平和はこの地から　長崎」

異動して2年、クラス目標に「1人1役・適材適所」「学校行事は全員で」を掲げましたが、企画が決まりません。10月末に長崎の修学旅行を控えていることから、何か長崎の地に関係したものができないだろうかと思い、生徒に投げかけました。「千羽鶴壁画をつくろう」と。

まずやることは折り紙で鶴を折る作業。1人約350羽折ることにして37名。設計図がないので、コンピュータで色つき下絵を作り、本格的に作業に入りました。横150列、縦80個の12000羽。大きさは、横3・2㍍、縦1・2㍍です。

男女数名が作業に参加してくれたのをきっかけに、だんだん大きな輪になっていったのですが、途中から作業はいっこうに進まなくなりました。

終わらないかもしれないという危機感から、2週間前になって連日連夜、休日返上の作業が始まりました。そして前日は夜10時まで。当日も朝5時半に男子3人が登校し、吊り下げ作業を開始。

必死にやったかいがあってようやく1枚の完璧な絵にたどり着きました。見えます！「平和祈念像」と「平和はこの地から 長崎」の文字。時間はもう8時10分になっていました。それから3週間、さらにパワーアップしたプロジェクトチームが何と長崎に鶴の壁画を送りました。

（担任／野口　浩正）

よみがえる牛乳パック大壁画

岐阜・中津川工業高校電子機械科

▲白い校舎に赤い牛乳パックの壁画が映える。

「こんにちは。私は中津川工業高校電子機械科の樋口亜希です。４年生のみなさんは、ゴミについての学習を行ったと聞いています。…そこでみなさんにお願いです。給食で飲んだ後の牛乳パックを私たちにいただきたいのです」

牛乳パックの収集に先立ち、主任の亜希は小学校まで出かけて行き、放送で呼びかけました。収集は地元の坂本小学校と千種保育園にお願いしました。２校から１日に出る牛乳パックは約８５０個。目標は１万個ですから２週間かかります。毎日、クラスごとにビニール袋に詰めてもらい、放課後に取りに行きました。

ここからが大変です。電子機械科壁画係り35名総動員でパックの中を洗い、天日乾燥するのです。またこの時、３年生は、乾燥されたパックから壁画の製作に入っていきました。

彼らの構想は大きさ、縦約７㍍（パック80個）、横約10㍍（パック１２０個）計９６００個の壁画です。絵柄は、牛乳パックの再利用（よみがえる）とかけて俳優のジェームス・ディーンにしました。今の高校生からこの絵柄が出てくるとは思ってもいないことでした。

絵柄をパックに置き換えることは、さすが工業高校生です。コンピュータを使って、いとも簡単にやってのけました。

絵柄の輪郭はパックに赤いクラフトテープを貼ることで実現しました。当初は着色することを考えましたが、後で牛乳販売業者に引き取っていただけないのではと考え、はがすことのできるテープに決着しました。

平成10年10月31日（土）仰星祭当日。私はいつもより早く登校しました。白い校舎に赤く浮き出たかのようなジェームス・ディーン。それは３週間の疲れを忘れた瞬間でもあり、製作に携わった生徒一人ひとりの姿が目に浮かんだ、何とも言えない時でもありました。

本校仰星祭は、機械、電気、建設工学、

▲完成した牛乳パックの大壁画、ジェームス・ディーンの顔。

電子機械の4学科各1クラスが「中工生は創る造る作る……それが喜び」をテーマに、それぞれ1年から3年生（縦割り）で力を合わせて演劇や展示を造りあげます。私たちは、この2日間を有意義に過ごしました。

仰星祭終了後は、糸を抜き、テープをはがして、パックの耳を起こして丁寧につぶし、袋づめした後、販売業者に引き取っていただきました。亜希は、終了後次のような感想を述べています。

《苦労したことは、パックを洗うことでした。パックの端を切って洗うのですが、洗い方が悪いと牛乳が腐って、においがすごく臭かったことです。また、自分たちでパックの数を決め収集したのですが、集まってみるとパックの山に驚きました。小学校1校、保育園1校で、こんなにも多くのパックが出ることを考えると、資源の再利用やゴミの分別収集も納得できる。また、何よりもみんなが協力してくれて嬉しかった。もし、新聞にでも記事にしていただけるのなら、みんなの名前を載せてもらいたいです。そして、協力していただいた小学校や保育園の先生方や生徒さんにお礼を言いたいです。ありがとうございました！　この壁画の製作を通して、地域の小学校と高校が近づいた気がします》

（教諭／岩田　実・門前　雅人）

▲厳重に固定し、吊り降ろす。

▲絵柄は9600個の牛乳パック。

空き缶壁画「ルパン三世」

――神奈川・大秦野高校2年A組

▲屋上で並べていく作業。

文化祭に向けて2年A組の取り組みは缶ジュースを並べて巨大な絵を描く、大きさは3階から吊して遠くからでもわかる程度、空き缶の集まり具合で変更できるように中央に肖像画、回収途中で7000個の目標ができ、縦10㍍、横5㍍のキャンバスを作ることになった。

原画チーム＝人気投票で選ばれた「ルパン三世」の肖像画を作る。コンピュータに頼らず1㎜方眼のトレース紙を原画の上に乗せ、写し取っていく。その際、縦4㎜×横2㎜を空き缶1個とみなして原画の線をモザイクに。想像を絶する作業。その時点で複雑な線はカットされ、何と目鼻口までデフォルメされた。

空き缶チーム＝汚れた缶を水洗い、プルトップをはずして乾燥、逆さに並べた空き缶の底に5寸釘で穴をあける。針金を通すためだ。原画チームからも色の指定を受け、無造作に集められた空き缶の色分けをする。必然的にペイントしなければ使えない缶も山ほどある。

原画チーム＝色分けされたモザイク画の同色の缶の数を計算して総数を出す。1本の針金に84個の空き缶（青35、ピンク23、茶12、青11…）それを84列分作る。驚くべき作業が始まった。

文化祭前々日、いくつかの班に分かれ、配られた色別空き缶リストに従って空き缶に針金を通していく。途中でやり直す班、1個ぐらいはと進める班、間違いに気づかない班…。

84本通し終わり、すべてを屋上に上げ、順番通り並べられた文化祭前夜、喜びの声が湧き上がった。

そして当日、吊り下げ作業は思いのほか手間取り、最初は1本ずつ針金を手すりに結んでいたが、ついにまとめて10数本ずつ結んで止め、昼頃完成した。

それにしても本当にいろんなことがあった。あの缶のベタベタは全部糖分だ。あれを生徒たちは毎日何本も体の中に入れているのか。そしてなぜ今「ルパン」なのか。よく見ると担任のおでこもずいぶん禿げ上がっている。

3カ月間、口論あり、意外な一面を見せる生徒あり、「清濁《せいだく》合わせ呑んで」2年A組「空き缶壁画」は見事完成、「ルパン三世」は高校生活一番の思い出になることでしょう。

（担任／小松　雅彦）

▲おでこの感じが何となく担任に似ている「ルパン三世」。

▶集めた缶は7000個！

教室六面の巨大ステンドグラス

――愛知・名古屋経済大学高蔵高校普通科1年桐組

六月。文化祭の企画についてさまざまな意見――南国風の内装の喫茶店、日本の四季、お化け屋敷、神戸ルミナリエのような電飾教室、海底の生物等などが出される中、検討の末、教室の壁四面と天井と床の計六面すべてを色セロファンを使ったステンドグラスで埋め尽くすことに決定した。しかし、それは展示の手段に過ぎず、「時代」を反映したインパクトのあるテーマが必要だという意見が続いて出される。

じっくりと時間をかけて「戦争と平和」に決定。世界的な惨劇である〝イラク戦争〟と、自分たちの身の回りにあり、当たり前のように感じている〝平和〟が高校一年生の彼女たちの心を大きく占めていることが分かる場面であった。

ところで「戦争と平和」をどのように表現したものか。一週間で一人三つ以上の資料を持ち寄ろうという意見が支持された。教員が学びの場を提供するのではなく、必要に迫られて学んでいく姿を目の当たりにできるのは、教師として幸せであった。「〝自主活動の中の学び〟ここにあり」である。

教室面積で計算すると、一メートル四方の色セロファンが二〇〇枚必要で、それだけでも四万円に上ることが分かった。学級通信を利用して家庭に伝えると、インターネットを利用して東京の卸問屋を探してくださった父母がいた。しかも、高校生が「反戦と平和」を考えた大事な企画ならば、一〇センチ幅の端を無料で提供してくださると言う。彼女たちは自分たちのテーマの重みを再認識した。

さて、教室六面を六つのグループに分けて担当することになった。床面には①戦火に苦しむ人々・水を求めてさまよう人々といった、まさに「地獄絵」、壁四面には②ピカソの「ゲルニカ」、③「広島・長崎」、④「イラク戦争」、⑤戦争反対を訴える市民の「デモ行進」、そして

◀カッターナイフで切り取る作業。

天井には⑥大きな虹がかかり、国境を越えて手をつなぐ世界の子どもたち。たくさんの鳩が舞い、ピースマークであふれる「平和」をイメージすることに決定。

夏休み、すべてのグループが何度か登校し、作業を開始した。

九月。カッターナイフで画用紙を切り取り始めたグループがあるかと思えば、デザイン画もままならないグループもあり、互いに焦りにつながっていく。まじめに取り組めば取り組むほど、実はまったく時間が足りないことに気がつく。焦る。

遊んでいるグループに怒りが向けられる。クラス会長が冷静に訴えた。

「どのグループが未完成でもクラス全体の企画として成立しない。私たちはこの三連休もずっと作業を進めた。でも予想以上に進まない。このままじゃ絶対に完成しないと思う。もっとみんな頑張ろう！」

▶壁面にピカソの「ゲルニカ」

文化祭当日、大半の生徒が朝七時に集合した。最後の組立作業に余念がなかった。開場まであと一時間である。ごみの片付けに走る生徒、残った材料を整頓する生徒、案内パンフを二つ折りにする生徒、案内嬢としての説明文を練習する生徒、ＢＧＭである「イマジン」「花～すべての人の心に花を～」を準備する生徒。

最終的に全紙大の黒画用紙を一三〇枚使用した。７・５㍍×７・５㍍の天井と三方の壁面をつなぎ（横全長約20㍍）、通路を残して床がステンドグラスで埋め尽くされた。そして「世界中の誰もが平和であると自覚しないくらい、平和な社会を築きたい」と語りかけるクラス独自の平和メッセージもステンドグラスで作成され、見る人をうならせた。

お客さんは年代を問わず、じっ

◀ついに完成！　この壁面は原爆を投下された「広島・長崎」

くり鑑賞してくださった。生徒たちは「すごいねえ」だけでなく「ありがとう」という声に、自分たちの展示のすごさを再認識し、同時に意味ある三カ月間を噛みしめた。

新聞社の注目度も大きく、『読売』『毎日』はカラー写真付で報道、『中日』に紹介記事が掲載された。後日、『朝日新聞』からも取材の依頼がきた。中でも、『毎日』の記者は「どうしてもカラー版で取り上げたいので、週末の企画〈東海百景〉にさせてください。あれだけのものを捨ててしまうのですか？　どこかに保存されないのですか？」と驚くほどの反応だ。

中高生を取り巻く問題だけがクローズアップされ、とかく肩身の狭い思いをしている生徒たち。文化祭は高校生に対する社会の目を反転させる格好の場面である。

（担任／山田　益久）

▶マスコミの取材にも追われた桐組のみんな。

3年生に贈る巨大モザイクアート

――神奈川・川崎市立有馬中学校

神奈川県川崎市立有馬中学校では毎年3月、卒業する3年生へ、1、2年生が感謝をこめて「3年生を送る会」を行っている。その会場を飾る装飾も毎年工夫が凝らされるが、今回挑戦したのは、4階建ての校舎屋上から吊り下ろされた3年生２５４人の巨大モザイクアートである。

このモザイクアートは、大阪府立高校の三野先生が文化祭の企画として考案し、その後インターネットのホームページを介して、全国の中・高校の文化祭企画として広まっていったものである。

5月の修学旅行で訪れた京都・清水寺での記念写真をモチーフに、コンピュータで11色に色分解、2・5センチ四方の色紙に色分けし、台紙上に貼り付けて仕上げた。作品は、細かく色分解し、より大きな絵にする方が元の写真に近づくことになる。

製作に着手したのは2月初旬、3年生も加わり、文字通り全校生徒７５０名で完成させたこの作品（縦約9㍍、横約23㍍）は3年生を送る会当日の午前7時過ぎから、約40分かけて吊り上げられた。

校舎正面にくっきり浮かび上がった3年生２５４名の顔に3年生はもちろん、卒業式に訪れた来賓、父母たちも感激。この大きな卒業プレゼントを胸に中学校を巣立っていった。

（教諭／黒尾　敏）

▲マス目に一つずつ石ころを貼り付けていく。

石ころで作った巨大一万円札

愛知・名古屋市立菊里高校1年C組

1997年度「菊里祭」のテーマは「ギフト」。1年C組では手間暇かけて大きな贈り物を贈ろう、贈り物として、1円玉で巨大な1円玉を作ることに決定。

ところが、1円玉の使用はお金であることからまずいと生徒会から注意。そこでもう一度、クラスで話し合った結果、自然の素材で1万円札を作ることを決定しました。

素材としては使うのは落ちている石ころ、これなら手間暇はかかりますが、お金はかかりません。生徒の説明によると、「無価値な石ころから、価値のあるお金の作成に挑戦してみたかったから」ということになります。

計画では、黒板大の巨大1万円札を10等分して班ごとに製作することに決定します。

最初に石拾い。夏休み前半を使って各班ごとに石拾いに出かけます。使用する色は、白、赤、緑、茶、黒の五色。緑色の石が取れずかなり苦労します。

下絵は実行委員が担当。紙にマス目を入れ、1万円札の模様から実際にペンで色を塗っていきます。この作業は根気と緻密さを必要とする大変な作業でした。

10枚の板には灰色のペンキを塗り、乾いたら、1・5センチ角のマス目を引きます。

石を色ごとに分別したら、木工ボンドで板に貼り付ける作業を開始します。マス目に石ころを貼り付けていく手間のかかる作業です。それでも1つの班が完成すると、他の班もそれを追うように完成させていきます。夏休み終了時でほぼ8割ほどが完成します。

9月に入り、実行委員が「きれいに見える」と言って私を呼びに来ました。10枚の板を並べて置いてみると、なるほど1万円札です。最初、石の色がはっきりしないので心配していましたが、考えていた以上の出来上がりです。

▲全員で持ち上げて設置。完成した１万円札を囲んで。

発表3日前から10枚の板のつなぎ合わせです。板はかなりの重さのため、いろいろ考えた末、裏から材木、板を釘で打ちつけてつなぎ合わせ補強することになります。釘を打ち込むと、石が取れる心配がありましたが、予想以上に板と石の接着力が強く、取れた石は後で補修することで解決します。

発表前日の午後4時過ぎ、10枚の板をつなぎ合わせ、補強も完成。全員で持ち上げて設置します。かなり重いため、傾けて設置できるか不安がありましたが、強力な補強のおかげで見事設置完了。その瞬間、大きな拍手が湧き起こりました。

クラス全員の協力で完成した巨大1万円札。作業の大変さはもちろん評価できますが、さらに素晴らしいのは、今年の文化祭テーマ「ギフト」に沿った内容のオリジナリティーにあると考えています。

（担任／高木　義実）

42人で咲かせた巨大「ひまわり」

――熊本・八代東高校2年3組

八代東高校では昨年（96年）まで文化祭とマーケット（販売実習＝各クラスが企業や商店の協力を得て品物を仕入れ、販売・決算までやる）が連続して行われていた。そのため、文化祭は例年、個人発表、部発表が中心になっていた。

しかし、今年はこの二つの行事が切り離され、文化祭は11月7、8日の日程で行われる。2年3組でも実行委員を募って検討に入った。

「どうせやるなら大きいことをしたい」「みんなが知っているものがいい」ということから、4人の実行委員が選んだのがゴッホの「ひまわり」だった。その「ひまわり」もただ大きく描くだけでなく、布を使って立体的に作ろうというアイデアだ。

さっそくクラス全員の前で計画を発表、自宅にある古い布やシーツを持ってくるよう要請した。製作の手順は――

①6枚のシーツを縫い合わせ、そこに「ひまわり」を下描きする。
②花びらや葉、花瓶を作る。
③花びら等の色染め。
④シーツに花びら等を縫いつける。
⑤仕上げの色塗り。
⑥裏にビニールシートを貼り付ける。
⑦吊して完成。

大きさはシーツ6枚分（縦4・6㍍、横3・6㍍）、これにOHPを使って下絵を描く。まず天井からこのシーツを吊るし、最初上半分に、次に上下を入れ替えて残り下半分に絵を描く。

次は、葉や花びら作り。布を花びら状に裁断して袋状に縫う。黄色や緑の布はそのまま、白布は大鍋に染め粉を入れて色染めをする。

染めた布は花びらに針金を入れて形を作り、中に綿や布きれをつめてふくらませる。つぼみの部分は中にスポンジを入れ、上から1枚1枚花びらを糊付けしていく。

花瓶の曲面部は発泡スチロールを利用した。まず花瓶の表面になる布をたるませて縫いつけておき、その中に型に切ったスチロール板を曲げて入れる。そうすると50センチほどのふっくらとした出っぱりができる。続いて色塗り。染めむらをカバーするため、画集を見ながら水性ペンキで色を合わせていく。

作業は連日、午後4時から7時頃まで。もう時間との競争だというのに、せっかく完成した花瓶の発泡スチロールに、誤って副室長が乗ってしまい「バリッ！」と破れる事件も発生！

シーツの絵が完成すると、次はビニールシートへの裏打ち。大きなビニールシートの上にシーツを乗せ、両面テープを、上・中・下に貼って固定、さらに糸で縫いつける。こうしてやっと完成したのは文化祭前日の夜8時。みんなで体育館まで運び、舞台の壁に掲げる。

▲完成したゴッホの「ひまわり」の前で。42人と担任の鉄島先生。

いよいよ当日、開会式後、2年3組の発表の番だ。室長と副室長が舞台に立って紹介した。

「私たちはこのゴッホの『ひまわり』の花びら1枚1枚を2年3組の一人ひとりにたとえ、クラスのまとまりを『ひまわり』の花で表現しようと思いました」

「ツァラストラはかく語りき」のBGMが流れる中、緞帳が静かに開くと、そこに現れたのは色鮮やかなゴッホの「ひまわり」！　会場から「オーッ！」というため息と歓声が上がる。

「ひまわり」はこの全校発表の後、中庭に飾られ、多くの人たちに見ていただくことができた。

文化祭はこうして、成功のうちに終わったのだが、その3組に突然の悲報が届いたのは、3学期に入り待望の修学旅行まであと2週間という日のことだった。

年休を取っていた私の元に突然、学校から電話が入った。生徒の1人Mさんが交通事故、それもかなり重傷だというのである。

私は取るものもとりあえず病院に急いだ。しかし、そこで見たのは、もはや昨日までの元気なMさんではなかった。いったい、こんなことがあっていいのか…。

次の日、お通夜。生徒たちは皆、手に手にガーベラの花を持っている。本当はひまわりを持って来たかったけれど、ひまわりがないので、似ているガーベラにしたのだという。そんな生徒たちを見て私は涙が止まらなかった。

「何かしてあげたい」

「何かできることはないか」……。

生徒たちが思いついたのは鶴を折ることだった。葬儀は明日の午後行われる。

当日午前中、教科の先生にお願いして授業を全部もらい、みんなで折り鶴を折った。目標は4107羽。彼女が「しあわせ」になりますように、という語呂合わせだった。ただただ黙々と鶴を折る。

しかしまだ千羽足りない。残された時間はあと1時間という時、生徒の一人が教室を飛び出した。他クラスの友だちや先生たちに応援を求めるためだった。

ついに目標の数を折りあげたのは、葬儀の始まる寸前だった。棺の中に一人ずつ折り鶴を供えた。そしてゴッホの「ひまわり」と全員の色紙も。

2年3組の長く悲しい1日がこうして終わった。

その生徒たちも1998年3月、それぞれの進路に向け、元気に巣立って行った。文化祭の取り組みから始まった42人のドラマ。その彼女らが私に教えてくれたのは、「その気になれば生徒らはすごい力を持っている」ということだ。

教師同士の会話でよく「うちの生徒は…」という嘆きを聞く。だが、それも多くは、教師がその力を引き出してないということがあるのではないだろうか。

私にたくさんのメッセージを残してくれた生徒たち、本当にありがとう。

（担任／鉄島　賢一）

School cultural festival

第5章

舞台発表——ダンス・演劇ほか

▲ラインダンスは上野高校水泳部40年の伝統！

伝統の水泳部ラインダンス

――東京・上野高校水泳部

突然ですが、あなたは男のラインダンスをご存知だろうか？　２００1年9月23日、体育館に詰めかけた満員（約８００人）のお客さんの大歓声の中、水色のサテンと白のジャージに身を包んだ上野高校男子水泳部員18人はラインダンスを上演した。

このラインダンスは今年で40回目を迎えた本校の文化祭・東叡祭の目玉である。今年も大盛況のうちに幕をおろしたのだが、ここに至るまでには数々の困難があった。

8月――猛暑の中、泳ぎたい気持ちを抑えてラインダンスの練習は始まった。2年生が1年生にラインダンスの基礎（足上げ）を教え込む。つま先まで伸びているか、そろっているか。

2年生は昨年、上級生に指導を受けたが、正直言ってかなり辛かった。「今年はそんな思いをさせたくない」と思いながら、しかし、今振り返ると1年生のためにどれだけのことをしてあげられたか、少し疑問に思っている。

9月――3年生が合流して、練習の中心となる。みんなでバラバラだった脚の動きを一つのラインにしていく。練習も日に日にきびしさを増し、故障者が続出した。なかでも1年生のケガはひどかった。ふだん使い慣れない筋肉を使うので、肉離れを起こす事故が多いのだ。

「18人そろって舞台に立つことができるのだろうか？」

そんな不安が渦巻いていた。

疲労がたまる中で、無意味とも思える基礎練習。さらに演技のメニューをなかなか仕上げてくれない3年生に対し、不満がたまっていた。ときには意見が衝突することもあった。しかし、成功させたいという思いはみな同じだった。

今回もラインダンスの成功の裏には、女子部員の強力なサポートがあった。衣装づくりから照明、音響、会場整理…。

▲18人の足が見事なラインに。衣装は女子部員の手作り。

すばらしい活躍ぶりだった。
今年は2年1人、1年2人と人数が少ない中、がんばって3人で18人分の衣装を作ってくれた。不平、不満をいわず、陰でひたむきにがんばってくれた女子部員に本当に感謝している。

本番当日の昼すぎ、練習場兼控え室の剣道場に集合して、最終確認。そして開演。大勢の観客の中、舞台あいさつが終わり、みんなで円陣を組む。

「いくぞー!」

「オーッ!」

気合を入れた。上演時間は30分間、終わってみればアッという間だった。みんなの手拍子がとてもうれしかった。

疲れきって剣道場に戻ると、上野高校14期水泳部OB・OGの方々が激励に来てくださっていた。ラインダンスは14期の方が当時、人気だった浅草・国際劇場のラインダンスをまねて、文化祭の出し物として始めたそうだ。そして現在、40年もの伝統をもつほどになった。

「ラインダンスは40年の間にだいぶ変化したが、私たちがやったような技も入っていてうれしかった」と、14期の間瀬さんはおっしゃっていた。

私たちは、伝統を引き継ぎながらも常に新しいものを求めて、さらに磨きのかかったラインダンスを上演できるよう、これからもがんばっていきたいと思います。来年の上演をどうぞ、お楽しみに!

(2年・水泳部部長/香川　勇介)

ラインダンスでクラスが一つに

■――愛知・津島東高校2年5組

文化発表会当日、本番の舞台を客席からビデオに撮りながら、そのすばらしさに感動していました。クラス全員が参加し、男子も女子も一生懸命踊っています。A・B2つのグループに分かれ、それぞれ3〜4曲のメドレー。きれいに動きが揃うと、観客から感嘆の声がもれ、拍手が起こります。最後に全員が舞台に揃い、「ありがとう」の曲の中幕が降りる時、生徒たちのおかげで夢をかなえてもらったような、幸せな気分でした。

クラス発表で、「ラインダンス」をやりたいというのは、実は担任の私の希望でした。数年前、育児休業中にテレビ番組「ポンキッキーズ」でやっていた「キーズラインダンス」を見て、「これはいい、復帰して担任を持ったらクラスでやろう」と思い、ビデオやCDを購入しました。そして復帰後担任したクラスでビデオを見せたのですが、賛成が得られず、断念したことがあったのです。

本校に転勤して初めて担任した2年5組。クラス発表の話し合いの時、ラインダンスがやりたかった話をして、元気な女の子たちに「ラインダンスやろー」と声をかけたところ、多数決で採用されてしまいました。「え、本当にいいのかなあ」という感じでした。担任の提案で決まって、担任の指導で、担任に頼ってしまうことを心配しました。

また、反対派の動向も不安でした。特に男子は地味な子が多く、とてもダンスなんてできそうな気がしません。「死んでもやりたくない」と日誌に書いた子もいました。残って話し合いをしようとしても、黙って帰ってしまう子もいます。それに腹を立てる別の生徒。保護者からも、「実はラインダンスが嫌だって言ってるんです」と言われたりしました。全員参加は無理かもしれないと思いました。

しかし、生徒たちの力は、予想以上でした。担任主導にならないよう、なるべ

▲なかなか揃わず苦労したパネル、本番ではバッチリ決まった。

く口出ししないで見ていると、それぞれのグループの中心になる子が何人かできて、曲を決め、踊りを考えていきます。

本番は9月10日なので、夏休み中にどんどん練習したいのですが、思うように人が集まらず、リーダーはだいぶ苦労したようです。舞台が成功するかどうかは、練習量にかかっていると思い、担任としても気をもみました。しかし、生徒たちの実際の動きを見ていると、「これはいけるかも」という気がしてきました。

9月に入ると、本格的になってきます。早くからやっていた生徒たちの熱心さが、他の生徒にも伝わったようです。「死んでもやりたくない」と言っていた男子も、音楽係でテープの操作をしています。部活動の試合で練習不足の子のために、朝早くから集まって教える子たち。

直前になると、ビデオに撮って振り付けを直し、揃わないところを繰り返し練習します。その一方で、衣装や小道具の制作に才能を見せる子も。日誌には、「ダンスは楽しいものだと知りました」という男子の所感がありました。本当に本番直前まで、よりよいものにしようと改良を続け、練習する生徒たちのパワーには脱帽です。

前日に音が悪いと、音楽の取り直しをしたり、小道具が紛失して探し回ったり、欠席の生徒の家に電話したり、ハラハラさせられましたが、当日は全員揃い、舞台は大成功。担任の期待した以上のできばえで、絶賛を浴び、みごと「最優秀賞」に輝いたのです。

〔生徒の感想より〕

■ラインダンスがこんなにみんなを一つにして、感動させてくれるものだとは思わなかった。今まであまり仲良くなかった人とも仲良くなれて、みんなのいろいろないいところが見れたと思う。ほんとに楽しかった。

■最初はどうなっちゃうんだろうって思っていたけど、最後にはこんなふうに大成功して終わることができてよかったと思う。やっぱりクラス全員でやることがいいなと思った。

■最優秀賞がとれてよかった。でもそれ以上に毎日みんなと練習したことがいい思い出になった。一生忘れないと思う。ラインダンスをしてよかった。

（担任／林　まなみ）

苦労が報われた舞台、大成功！

▶教室での練習風景。

私たちがクラス発表の内容について話し合いを始めたのは、他のどのクラスよりも早かったように思います。全員でラインダンスをやることに決め、グループも分け、曲も決まり、とても順調に進んでいました。

しかし夏休みに入ると、それまでの順調さがウソのように、作業がストップしてしまいました。振り付けが決まらないのです。

Aグループの責任者だった私は、家で何度もビデオを見、踊りをまねして覚えました。作業に参加していた女子の数人も、家にビデオや曲の入ったテープを持ち帰って振り付けを考えてくれ、7月中、補習の後に居残りをしながら作業を続け、何とか2曲分の振り付けをしたところで8月。そして夏季学習中も振り付けの作成や練習を続けました。

しかし不安だったのは、メンバーがなかなか揃わないこと。ラインダンスは全員の踊りがきちんとすべて揃ってやっときれいに見えるもの。5曲分の振り付けを2学期に入ってから覚えなければならない人が半分以上という状態だったのです。

急きょ、曲を1曲減らして4曲にし、何とか振り付けを簡単にしたりと、アレコレ考えました。

土、日も朝から夕方まで集まって衣装作りと練習に明け暮れました。時間がない、という焦りと、ちゃんと揃って踊れるだろうか、という不安で緊張しっぱなしでした。

前日はこれまで練習に参加できなかった人も加わり、授業をツブして練習を重ねました。

そして当日は、朝早く学校に集まって準備したり、正直、開会式中もソワソワして「それどころじゃない」といった心境でした。幕が上がる直前まですごく緊張していました。

本番、舞台の途中で「オォー！」と、観に来てくれたみんなが驚きの声を上げているのが聞こえると、「ちゃんとできている、よかった」という安心感とともに、とても誇らしくなりました。終わった後も達成感でいっぱいでした。

全員が一つにまとまって、一生懸命やったからこそ成功したのだと思います。文化発表会での最後のクラス発表でラインダンスをやれたこと、そして最優秀賞を取れたこと、本当にうれしく思います。最後までやり遂げることができて本当に良かった。

（2年5組／大鹿　真由美）

▲03年度、多治見工業高校１Ｃ２組のセラミックソーラン節。

ソーラン節の魅力、学校を超えて

■――岐阜・多治見高校、多治見工業高校

昨年10月に多治見工業高校で学校祭があり、1年セラミック科2組が初日にセラミック・ソーラン節を踊り終えて、翌日の外での踊りを宣伝した時のことだった。客席から、「明日も見に行く!」「絶対行くよー!」の声があがった。

翌日の踊りも天気に恵まれ、大勢の観客に見守られながらソーラン節は成功した。

そんな彼らに刺激を与えたのが、一昨年まで私が勤めていた多治見高校1年E組による「新・旧ソーラン節」だった。

多治見工業の生徒たちはそのビデオを観て、「絶対、多治見高校より盛り上がってみせる」と意気込んだのだった。

多治見高校で最後の担任となった1Eの「新・旧ソーラン節」は、私のこれまでの教師生活のなかでもとりわけ印象に残るものだった。

文化祭を前に、クラスで希望を募った時、いちばん多かったのがソーラン節だった。「3年B組金八先生」でよさこいソーランがブームになったこともあって、生徒の中には中学時代に習ったという者も複数いた。私としては、古くからのソーラン節と合わせてやったら、それぞれの良さが出るのではないかという考えだった。生徒の中にも、旧ソーラン節を踊りたいという者が少数ながらいた。

旧ソーラン節のメンバーから、「先生も出て欲しい」との声が上がり、思い切って出ることにした。私は高校時代、学校祭がなかったので、生徒といっしょに出られることに喜びさえ感じていた。

旧ソーラン節では、衣装も自分たちで作ろうということになり、8月半ばにメンバー全員で中津川在住の染色家・近藤愛子先生のところに出向いた。生地を染めてから乾くまでの間、ラジカセを持って川原の土手でソーラン節の練習をした。猛暑の中、全員上半身裸で踊った。

練習後、完成した生地を見て皆一様に

▶多治見高校での新ソーラン節は、黒のTシャツに「翔」の字を描いて衣装を揃えた。写真下は、旧ソーラン節。真ん中で踊っているのが担任（筆者）。

驚き、感激した。帰りに全員で温泉に寄った。彼らにとってはミニ修学旅行のような感じだったろうか。あとは、その生地をハッピ仕立てにするよう、それぞれの親ごさんに依頼した。

8月下旬に新ソーラン節のメンバーから衣装を統一したいという声があがり、黒のTシャツを一括購入し、白のペンキで「翔」の字を書いた。

9月に入り、割り当てられた体育館ステージでの練習時間を最大限に使い、照明係（計3人）も加わって試行錯誤しながら本番にたどりついた。

本番当日。全校生徒が固唾を呑んで見守るなか、旧ソーラン節の開始。教師もいっしょになって踊るとは予想していな

▶プロの染色家の指導で仕上がったハッピ

▲舞台発表を終えて全員で記念撮影。

▲１年後、難易度の高いバサラ瑞浪に挑戦した多治見高校２Ｅの生徒たち。

かったようで、客席からどよめきが起こった。続いて新ソーラン節。それぞれが最高の踊りをしてくれた。

終わった後は、みな笑顔で記念撮影。「よかったよ～」と多くの人から言われ、本人たちからも「またこのクラスで踊りたい」という意見がたくさんあった。

心に残るいいものができたのは、クラス全員が団結して協力したからだろう。この学校祭がきっかけで、よりまとまりのあるクラスになった。

1年後、2年生になった多治見高校の彼らから「バサラ瑞浪」という踊りに挑んだ知らせが届いた。

ビデオを観て、グレードアップした彼らの踊りに驚いた。文化委員が中心となり、瑞浪の指導者まで教えてもらいに行ったそうである。生徒主体で、より難易度の高い踊りにチャレンジしたところに彼らの成長した姿を感じた。

成果が目に見える形で表れるところに踊りの良さがあると思う。1Eでの新旧ソーラン節は、それから1年後の彼らの学校祭への思い、また他校の学校祭にも刺激を与えるなど、大きな意味を持つ取り組みだったと思う。

（教諭／高橋　潤）

歌舞伎『勧進帳』で最優秀賞

――岡山・岡山工業高校デザイン科2年

▲安宅の関。見破られそうになった義経を弁慶の機略で救う。

「歌舞伎十八番」として知られる「勧《かん》進帳《じんちょう》」は、平家滅亡後の義経の物語である。鎌倉の頼朝の追及をうけた義経は奥州平泉に逃げて行く。その途中、加賀の国の安宅《あたか》の関で見とがめられるが、弁《べん》慶《けい》の機略と苦衷、関守富樫左衛門《とがしのさえもん》の情によって、ぶじ関を通過できる、という物語である。

この年のデザイン科2年は男子4名、女子36名という特異なクラスである。入学当初からエネルギー溢れる生徒たちを見て、何とか彼らにクラス演劇をさせたい、それも担任である私の趣味の歌舞伎「勧進帳」ができたらと。

そこで、1年の1学期からあらゆる機会に演劇の楽しさを語り、歌舞伎の魅力を話した。しかしクラス決定の日、舞台発表に手を挙げた生徒はわずか3名、大半は模擬店であった。

しかしこの模擬店は希望クラス多数により、選に漏《も》れてしまい、再度大もめにもめた討議の結果、クラスを2つに分け、一方は展示（教室をジャングルに）、一方は担任の意をくんでくれたH子の強い説得で「勧進帳」を演じることが決まった。舞台グループは15名、すべて女子生徒である。

決定が遅れたこともあり、準備期間はわずか3週間。まず話の流れを頭に入れ、続いて台本の読み合わせ。

「斯様《かよう》に候《そうろう》う者は、加賀の国の住人、富樫左衛門にて候」――初めて手にする歌舞伎の台本は生徒にとっては外国語のようであった。毎日1時間の練習を設定したが、部活や生徒会の主要なメンバーが多く、全員揃っての練習は不可能（結局全員で練習できたのは前日の1日だけ）。

大道具は能舞台を模した松羽目《まつばめ》（背景）のみ。時間も人数も少ないため、当日は部活のため参加できないというNとT美に、「ベニヤ板10枚に松を描く、費やす時間は1日のみ」と指示。時間を制限しないと完璧をめざして延々と続くからだ。小道具作りでもこの2人が中心となった。舞台へ上がる生徒たちはセリフ・演技の練習をしながら、家では自分たちの衣装づくり。弁慶一行の衣装は知り合いの寺にあった山伏の篠懸《すずかけ》を参考にしながら、紙型をとって作成。富樫の素襖《すおう》・長袴《ながばかま》は保護者の応援があった。

　こうした中で劇作り最大の困難は、生徒が「勧進帳」を見たことがなく、その完成された舞台は担任の頭にしかなかったこと。しかもクラスを2つに分けたことで、より作業負担が膨大《ぼう》になり、それぞれのグループがお互い助け合うことができなくなってしまった。

　思うようにはかどらない作業、そのいらだちが怒りとなって、クラスを二つに分けた私に向けられる。結局、二つのグループは没交渉のまま当日を迎えたのである。

▲「義経では？」との疑いを、あくまで“山伏”だと言って押し通す。向かって左端が義経。

　11月7日の午前11時、舞台の幕が開いた。中央には堂々たる松。長唄の演奏（ＢＧＭ）が始まると烏帽子《えぼし》・素襖姿の富樫左衛門の登場。第一声が体育館に響く。続いて義経と弁慶の登場。従う四天王（人数不足で三天王）や番卒たちも行儀がよい。

　弁慶と富樫の息詰まる対決、義経の気品と優しさ、最後は弁慶の「延年《えんねん》の舞」まで45分間があっという間に過ぎた。

　カーテンコールで再び幕が開いた時、舞台の生徒たちは一様に興奮していた。しかし、それ以上に感激していたのは、観客となっていた展示グループの生徒だった。最後に記念写真を撮ろうとした時、クラス全員が舞台に上がって劇の成功を喜んだのである。

　結果は、舞台発表の部「最優秀賞！」。夕暮れのホームルーム、全員でジュースによる祝宴。残念ながら展示は入賞できなかったが、クラスの分裂に悩んだことがウソのような、全員一致の明るい乾杯ができたのだった。

（担任／細川　公之・福島　肇）

▲豪華絢爛の衣装はすべて手作り。

創作時代劇『ロミジュリ平家物語』

■——東京・南多摩高校3年3組

2年生の時、取り組んだクラス劇『グリムの森』が予期せぬ好評を得て、「今年も劇を！」の声が上がり、取り組むことになった3年3組の創作劇『ロミジュリ平家物語』。このおかげで、われわれの長いたたかいが始まった。

これまでの南多摩高校文化祭では、3年の劇は戦争ものが主流で、創作劇はほとんど上演されていない。「既成脚本の方が人気投票の票を集めやすいのではないか」とくすぶる不安。

それでもオリジナルをやろうと決めたのは、個性ある皆が存分に才能を発揮し、それを伝える台本は、既成のものでは無理だったからだ。

物語は、源氏の若武者・路実《ろみ》と、平家の娘樹里《じゅり》が偶然出会い、恋に落ちるが、平治の乱が起こり、路実は戦場へ。2人はひきさかれてしまうが、最後はともに新天地を求め旅立つというもの。

ロミオとジュリエットを土台に、後半は史実を絡《から》めて、あえて、困難でも前向きなラストにした。

台本作成は、3つの候補作をクラスの半数に読んでもらって一つにしぼり、その後も皆の意見をもとに全体で2回、細部に至っては何度も繰り返し書き直した。

キャスト以外の仕事は、大道具・小道具、衣装、音響、照明、それらをまとめ、仕事を頼むチームに分かれ、それぞれのリーダーと何度も打ち合わせし、方向を逐次確認しながら進めた。各チームはリーダーを中心に、夏休み中にびっくりするくらい頑張ってくれた。

大道具は、炎天下、約1キロ離れた電気屋から、大量の冷蔵庫用の段ボールを運び込み、夏休みが始まって3日で、劇の要になる屏風《びょうぶ》の原形を完成。

その後も、ダンボール製にはとても見えない武士の鎧《よろい》、実際に打ち合わせられる刀や槍《やり》、傘の骨を使った立体の石灯籠、なんと市松笠まで作ってくれた。

▶段ボールで作った縦1・6メートル7連の金屏風。裏は伸ばすと背景になっており、場面転換ごとに裏方の力でみごとなバリエーションを演出。

美術の得意な子が実際の屏風から下絵を起こし、共同作業で塗るには難しい細部の色まで塗ってきてくれた。

衣装は型を決めるのに難航した。しかし、男子の狩衣《かりぎぬ》は和服独自の平面構成を生かし全部手作り。女子の十二単《じゅうにひとえ》は浴衣の裾《すそ》にだけ布を重ねて縫い付け、襟元も実はTシャツを改造し、重ねの着物に見せかけたものだ。どちらも「豪華絢爛《けんらん》」の四文字にふさわしい本格派衣装になった。

これらはほとんどすべて資料を頼りにキチンと時代考証を試みて作られた。

9月に入り、いよいよ秒読み段階となったが、ここに来て事件が続出した。行き違いや台風の直撃での作業の遅れ、舞台でのリハーサルでは課題が浮き彫りに……。

しかし、誰もそこに長くは立ち止まっていなかった。リハーサルの日の放課後、定時制があるため学校に居残れない役者陣は、近くの河原で練習を続けたのだという。これにはびっくりした。皆が、限界を越えることに挑戦したのだ。

最も痛手だったのは直前に病気でメインキャストが1人、本番前日に、練習中の怪我で武士が1人降板してしまったこと。しかし、いまさら投げ出すわけにはいかない。役者の読み合わせに協力していた1人が役を引継ぎ、武士は1人減らした構成を作り直した。

いよいよ当日。体育館は希望団体が多いので、1日1回、2日間計2回の公演だった。1日目はお客の入りにくいいちばん初めで、それだけに宣伝には力を入れる。有志宣伝部隊は浴衣で呼び込み。客足は上々。2日目は客席が足りず、立ち見まで出たほどだ。

「祇園精舎《ぎおんしょうじゃ》の鐘の声
　諸行無常《しょぎょうむじょう》の響きあり」

琵琶法師《びわほうし》が朗々とうたいあげると劇の始まり。

平安末期、源路実は、潜り込んだ平家の宴で平家の娘樹里と出会う。冷蔵庫用の段ボール、縦1・6メートル、七連の金屏風の前で、きらびやかな衣装が映え

▶2日間の舞台を終えて。男子の狩衣は和服独自の平面構成を生かし全部手作り。女子の十二単も、襟元はTシャツを改造し、重ねの着物に見せかけたもの。

る。立場を越えて想い合う2人をよそに平治の乱が勃発《ぼっぱつ》！

　迫力満点のチャンバラの中で、路実は鎧《よろい》・刀を身に戦場に向かうが、恋で変化した価値観から、樹里との人生を選び、親友麻明に別れを告げる。

　一方、樹里は家に監禁されるが、路実の乳姉弟で尼の楼廉と、樹里の侍女・春菜の協力により脱出。

　二転三転する場面転換は、4枚の屏風と、それを動かす裏方により、ほんの数秒で行われる。表は屏風だが、裏は伸ばすと背景になっており、配置のバリエーションで場面に変化を付ける。この移動は大道具と衣装の係が、役者と共に何度も練習を重ねた。

　随所で劇を盛り上げる多彩な音楽は、練りに練られ、当日朝まで打ち合わせをしたものだ。

　2人は都を落ち延び、ギャラリーから舞台上の炎を見下ろす。

　動乱の幕開けをきっかけに、若者たちははじめて自らの足で、自分の信じた未来に向けて歩み始める。楼廉もまた、この話を語り継ぐため、琵琶法師になり、この日、観客の前に現れる……。

　拍手の中、2日目は裏方も含めオールスタッフでカーテンコール。

　劇は、公演部門で唯一の賞である優秀賞を獲得。自分たちの信じてきたものが、虚像ではなく、他人からも認められたのだと知った。でも何といっても最高の栄誉は、成功の過程で得た一体感だと思う。この劇をみんなで作り上げる機会を得たことが、いちばん嬉しかった。

（3年／宇津木　綾）

英語劇『シンデレラ』の舞台

――神奈川・港北高校英会話選択クラス

▲残されたガラスの靴が足に合うのがシンデレラだ。

▲本番を終えて記念撮影。

高校生活最後の文化祭、私たちが選んだのは演劇『シンデレラ』だった。それもセリフがすべて英語の劇である。

私たちはわずか13人しかいない3年生の英会話選択クラス。夏休みに台本を家に持って帰り、セリフを覚えることになった。しかしその前に発音と発声の練習。早口言葉の練習や、体育館の前と後ろに分かれて大声で叫び合ったりした。

日本語ですら大変なのに、英語となると舌がからまり、一日その練習だけで終わってしまうこともあった。

2学期になると、週一回しかない英会話の授業で、アメリカ人のダニエルさんと先生からアドバイスをもらった。また毎日のように練習と道具作りのために放課後まで残り、帰りが遅くなった。

全員がセリフを何とか覚えられ、必要な道具も半分出来上がった頃、難問にぶつかった。「衣装がない！」。友だちに借り、それでも用意できないものは家で作ってもらったり、近くの高校の演劇部から貸してもらったり。道具、衣装がすべて揃ったのは文化祭まで一週間を切ったある日のことだった。私たちは道具をすべてセットし、それぞれの衣装を身にまとい、放課後の体育館でリハーサルをした。

そして当日。もう一度、朝一番から最後のリハーサル。声がいまいち小さかったり、場面転換がうまくいかなかったり。

しかし本番になると、不安が自信へと変わり、大きな失敗もなく、無事成功！その体験は、私たちにとって、人間として本当に大切なことを教えてもらう場となった。

（3年／須山　あい）

創作劇のテーマは「ダイエット」

岐阜・高山高校３年２組

本校の文化祭は、１・２年生は展示、３年生はステージで劇やファッションショーに取り組むことが伝統になっている。私の担任する３年２組は劇に取り組むことで納得。担任としては既製のシナリオで取り組むことを願ったが、「それでは今風でない。そうや、今はダイエットや。間違ったダイエットを正すことをテーマにしよう」と創作劇に取り組むことに決定してしまった。

▲ダイエットした彼女に彼氏を奪われ、教室は大騒動。

▲ちょっとやせたからって自慢するんじゃないわよ！

そして書いてきたシナリオはＢ５用紙で２枚のもの。ここから、生徒と何回かのキャッチボールが始まる。

シナリオを書き始めて、何度も何度も「ダメ」「ダメ」と言い続けた。

「ダイエットだけでは劇にならない。それを通して何を訴えたいのか。訴えたいことをそのまま言葉にすることでは劇にならんやないか。複線をはらんといかん」

結局、テーマは「友情」、失ってみて初めてわかる、自分たちがこの高校生活で大切な友情を得たことを劇にしていくことになった。

タイトルは、『求愛症候群』。ダイエットに成功した主人公が思い上がり、仲間を裏切る態度にでてしまう。無理なダイエットがたたって病院に運ばれる。病院で、現在の自分・過去の自分を振り返る中で、自分は人から注目されたい、人から愛されたいという「愛」に渇望していたことに気がつき、友達の大切さを知っていくというドラマである。

場面は普通の教室、自宅、教室、病院

▲観客の大きな拍手に包まれたフィナーレの舞台。

◀デブだから誰にも相手にされない。だから頑張ったんだよ。細くなれば、みんなからよく見てもらえるって…。

の4場面。真っ白なキャンバスに、3年2組のクラスのみんなで書き上げた『求愛症候群』は、高山高校生や見てくれた人に多くの感動を与えることができた。

観客の大きな拍手に包まれたフィナーレ。人に感動を与えることが出来たとは、何ともすばらしいことだと思う。そして、協力しあえる姿が影響を与え、劇を観た後輩から、「自分たちも3年生になったら、先輩たちのように仲良く協力し合えるクラスで劇をつくってみたい」との声までもが届いた。

やればできる！　えらいけど、逃げることなく進めば、道は開かれる！　そんな思いをもった今回の劇、終わった後の虚脱感もひとしおであった。

（担任／野中　直彦）

✵――劇を見てくれた人の感想

《32クラスの『求愛症候群』を見て、自分自身考えることがたくさんあった。「きれいでスタイル抜群な女の人になりたい」っていう気持ちは、女なら誰にでもあると思う。私も劇を見るまで、そんな風に思っていた。「ダイエットして、きれいになればみんなから好かれる」と主人公の人が言っていたように、私もそう思っていたかも知れない。

でも、この『求愛症候群』を見て、「自分が愛さないと、誰も自分を愛してくれない」という大切なことを気づかせてくれた。自分自身、今、友達を本当に大切にしているかと考えてしまった。

でも、本当の友達っていうのは自分の中身を、嫌なところも全部分かってくれる人なんだと、今は思っています。そういう友達が今、私のまわりにいます。

きれいにならなくても、自分をわかってくれる人がいるだけで幸せなんだということを教えてくれた32クラスのみなさん、本当にありがとう。最後、私は感動して涙がでました。32クラスみたいなクラスになりたいと思った》

手作りの三線で沖縄の島唄

埼玉・志木高校3年9組

▲本番の舞台。手作りの三線を手に、そろいの衣装で島唄を演奏。

僕は昨年、3年生の政治経済の授業を、「戦後民主主義」というテーマで始めた。その中で、15年戦争と沖縄戦、戦後の沖縄がたどった道、さらに今も沖縄の犠牲の上にある僕らの生活を、生徒といっしょに考えてみた。

そんなある日、新聞で、那覇市の小禄《おろく》小学校が、親子教室でカンカラ三線《さんしん》に取り組んでいることを知った。カンカラ三線は戦後、沖縄の人々が収容所生活を強いられた時、空き缶とパラシュートの紐で三線を作り、自らを励ましたという。そしてそれは瞬く間に、沖縄全土に広がった（RKK『沖縄戦後史』）。

これだ！ と思った。卒業を前にした3年生にとって最後の文化祭だ。カンカラ三線を皆で作ろう。全校生徒の前で演奏しよう。そして沖縄を皆で考えてみよう。気負いたった僕だったが、行く手は難問ばかりだった。

最初の、そして最大の難関、それは、クラスの生徒（理系、男子のみ36人）が、「ウン」と言ってくれるかどうかだ。

まず、役員会を開いた。みんなの希望をはじめに問うたが、案が出てこない。僕は恐る恐る、でも力を込めて、自分の考えを述べた。

「ほんの一瞬で良い、皆が心を合わせ、一つに向かっている。そんな時、仲間を感じ、連帯を感じ、心温かになること。創造的なものを、苦難の末に作り出すことに喜びを感じること」

そして、「なぜ沖縄か」を語った。役員の生徒は僕の切々たる訴えに、「俺はやってもいいけど」と言ってくれた。

そしてロングホームルーム。

「手作りのカンカラ三線で、全校生徒の前で沖縄の島唄を演奏」という提案は、1回目の投票であっけなく敗れた。人前に立つのが嫌だと言う。生徒たちの対案は正門アーチ作りだった。

僕はそれでも良いと思った。しかし、

▲三線作り。ノコギリで切り、ドリルで穴をあける。

それでも「あの一瞬」の感動を生徒に味わわせたい、いや、僕が味わいたかったのかもしれない。もう1度クラスの皆に、僕の思いを訴え、カンカラ三線と正門アーチで決戦投票を挑んだ。結果は、1票差で可決された。

決まるには決まったが、三線は触ったこともない。知っている人もいない。どうやって作るのかが、第2関門だった。

可能な限り、つてを頼り、沖縄の人を訪ね歩いた。しかし、古典芸能に詳しい人には会えても、50年前の一時期で衰滅したカンカラ三線を作れる人には会えない。結局、助けていただいたのは、小禄小学校だった。

小禄小学校から沖縄の琉球楽器店の又吉さんを紹介され、実物を1台送っていただき、電話で作り方を丁寧に教示していただいた。あとは見よう見まねである。

設計図を描き、材料を揃える。この材料集めが大変。竿《さお》にあたる部分がなかなか手に入らず、結局、学校の近くの建材屋さんから、若干の加工をお願いした「つぎ」を40本購入した。

次は、蛇皮《じゃび》にあたる部分のカンカラだが、これは運良く、給食センターから同一規格の缶40個をいただいた。弦《げん》と弦止めは、沖縄から実物を送っていただく。馬は、工作材を加工して作る。やっと揃ったのが期末テスト終了の前日だった。

期末テストが終わると、三線作りが始まった。作り始めると、彼らは熱中する。向こうではノコギリで切っている。こっちではドリルで穴を開けている。カンカラを切っているグループもある。彼らの大学入試が心配になりながらも、彼らの熱中する姿に目を見張る。最も苦労したのは、弦を巻く部分だった。

竿に穴を長方形にくり開け、弦を止める掛《かけ》を3本通す。掛を1本作るのに1時間かかる。やっとできても弦をきつく張ると、ボキッと折れる。ああまた、作り直し…。

そうこうしながら、最も早い生徒でも1週間かかった。大半の生徒はまだまだだ。しかしこの頃から、朝SHRに行くと、三線のベンベンという響きが廊下の向こうから聞こえてきた。教科の先生からも、「授業に行くと、三線の音が鳴っている」と言われるほどだった。

全員完成を目標にした終業式の日、調律と音階を学ぶために、神奈川県からはるばる三味線の先生（僕の姉）に来てい

▲三味線の先生に調律と音階を学ぶ。

ただいた。その時点でも、完成していたのは半数の15～16人。背の高い、ごっつい男子が自分で作った3尺足らずの三線を差し出しながら、「お願いします」と、頭を下げる様子は微笑ましい。

この調律をしてわかったことだが、苦労して作った掛が弦を張ると固定しないのだ。1本を調律している間に、調律したはずの弦が緩《ゆる》んでしまう。なんとか3本調律しても、練習している間に弦が緩み、音が狂う。

さらにもっと深刻な問題は、1人1人のドならド（開放弦）の音が、皆バラバラ。これを合わせることは不可能。結局、調律は何とかこなしたが、全員の音を同じに合わせることはあきらめた。

第三の関門は、沖縄の三線の弾《ひ》き方を、誰に教えていただくかだ。身近や知り合いには誰もいない。これも手当たりしだい、人づてに、沖縄の方で三線を弾く方を捜しまわった。三線の教室もあったが、カンカラはダメと言われたり、授業料が高くあきらめたり、ある時は、逆にお叱りの言葉をいただいた。

「カンカラ三線は本物の三線ではない。全土に広がったというのは嘘で、ほんの一部の場所の、一部の人々だけのもの。島唄は沖縄の歌ではない。それを沖縄本来のものであるかのように言うことは誤解や偏見を生む」

これはきつかった。しかし、やめることはできない。やっとの思いで巡り合えた先生の所へ代表の生徒7人を連れて行くことができたのは、夏休みに入ってからだった。

ところがそこでも音合わせで終わってしまった上に、「少し自分たちで練習してから来なさい」と見離されてしまった。どうしようもない袋小路に放り込まれ、「これで終わりか」と、本当に思った。

その時、僕の頭にひらめきが走った。

「そうだ！　島唄を、ピアノの先主にお願いして、ピアノの楽譜に書き直し、三線に5音階の出る場所を記してもらおう、そうすれば、三線と少し違っても、洋楽の音階で弾くことができる！」

興奮して翌日、学校に行くと、驚くことがあった。僕の苦労をつぶさに見ていたピアノに詳しい、O先生が、まったく同じことを同じ日に思いつき、しかも五線に表わし、三線の音階の場所に印をつけてきてくれたのだった。こんなことが起こり得るのだろうか。もう言葉には表わせないくらいの感謝の思いだった。

それからの練習は飛躍的に発展した。

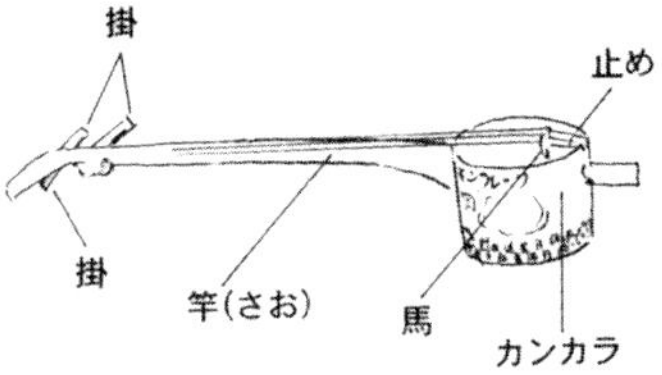

夏休み中、家での練習と、何回かの登校練習をした。生徒の上達は本当に早い。夏休み中、僕は一日も欠かさず練習したが、生徒にはおよばなかった。

2学期が近づくにつれ、胃が痛む。「はたして皆練習をするだろうか」「本当に曲になるだろうか」「皆の音をどうやって合わせたら良いのだろうか」…。

▲立派に完成した三線。

始業式の9月1日が全員練習の初日。しかし、結果はさんざんだった。弾ける人と弾けない人とバラバラ。調律で手間取ったり、掛がボキッと折れたり、全体練習を呼びかけても実際にそれができない。皆勝手に練習するだけ。

「よし、明日こそ」と思うが、また同じ繰り返し。そんな日が3日、4日と過ぎて行く。残りは10日しかない。

役員とも話し合いを重ねるが、彼らもここにきて疲れ気味か、精彩がない。役員が僕と一般生徒との板ばさみになり、受け身になっている。僕がこのまま突っ走るか、それとも完全に手を引き、生徒に託すか。この問題について何度も生徒と話し合った。

そして5日目、思いきって全員練習をあきらめ、全体を3グループに分け、パートリーダーを決め、目標は自分のパートだけは全員完全に弾けることとした。

これが功を奏した。3日もこれを繰り返すと、全員自分のパートに合わせて弾ける。全部弾ける生徒も半数はいる。そうして最後の週を迎えた。

キーボード、歌、ピアノ、ドラムを加えた全体練習に入る。これが思いがけず、初めから良かった。パートをつなぐ練習の成果だ。この頃、やっと音を楽しめるようになった。最後の3日は、ステージで練習。音楽の先生に来ていただき、楽器ごとのアンプの音量と演奏の速度を中心に、全体のバランスを指導していただく。さすがにプロだ。みるみるレベルアップしていくのがわかる。

この頃になると、舞台の冒頭で紹介する沖縄のビデオ作りも完成しつつあった。何冊も写真集をめくり、夜遅くまで時間をかけ、写真を選び、ビデオに写し、ナレーションを考える。生徒は本を読んでは、ナレーションを何回も書き直す。

ステージの雰囲気を出すため、バックに垂らす大きな切り絵「青空に咲くデイゴの花」も、苦心の末できあがった。

「よし、できる!」、そう確信したのは本

番の前々日だった。

控え室で着付けをする。衣装は、東京の沖縄学生寮からお借りした。これを素肌に着ることについては、一部の生徒（少し太め）から異議が出た。しかし、この方がカッコイイということで、全員従うこととなる。

ステージでは、生徒会の開会セレモニーが続いている。そのハイライトが僕らの島唄だ。あと20分で幕が開く。O先生が、1人ひとりの音をチェックしてくれる。

全校生徒千人の前での演奏だ。緊張が伝わってくる。

「始まるぞ！」

小さいが、力の入った声がかかる。BGMの「安里屋《あさとや》ユンタ」が流れている。幕が上がった。前半の4分は、「沖縄戦と戦後の沖縄」を、ビデオプロジェクタで映し出す。こういう内容を、一般の生徒が見てくれるか不安だったが、会場はいつになくシーンとし、皆の視線が画面に集中していた。

ナレーションは沖縄戦から、戦後へと続き、そして最後に、僕らがカンカラ三線を作っている教室の風景で終わった。

そして後半へ。その幕間に、「デイゴの花」がステージいっぱいに大きく咲く。

――このデイゴの花が咲く頃、沖縄戦は始まり、このデイゴの花が散る頃、沖縄戦は終わった…。

生徒のナレーションが終わる。と同時に、キーボードで島唄が始まった。カンカラ三線は生徒20人と、O先生と僕。ヴォーカルが3人。ドラムが1人。他クラスの2人の女子がキーボードとピアノで共演してくれる。ピアノのYさんは夏休み、島唄を、生徒が弾きやすいように編曲を手伝ってくれた生徒だ。

1番はカンカラ三線のみ、2番は三線に唄が入る。そして3番でドラムが加わり、曲に重層感を与える。わずか4分、しかし無我夢中の4分間だった。

演奏も終わりに近づき、最後のリフレインに入る。思わず胸が熱くなり、僕の手はとまった。「ああ、この一瞬、今、皆が心を合わせ、全集中力を傾けている。この一瞬のためにすべてがある」

気がつくと、幕が降り始めていた。大きな拍手が聞こえる。「やった！」という生徒の声。力がすっと抜ける。「胃が痛い」、生徒の声が後ろから聞こえた。

（担任／戸島　宇一郎）

▲劇のラストシーン。惚れ薬がとけ、２組のカップルがまとまる。

『真夏の夜の夢』がくれた贈り物

■——東京・忠生《ただお》高校3年3組

高校最後の文化祭が終わった。クラスのみんなから「おつかれさま」って言われた時、「これでいい、もう賞は取れなくても」と私は思った。この感動はきっと忘れないと思うから。

翌日の表彰式では、特別賞などさまざまな賞が発表されて、いよいよ舞台部門の優秀賞。別のクラスが呼ばれた。「賞は取れなくてもいい」と思っていたけれど、「あー、ダメだったんだー」と思った。すると最後に全体のグランプリの発表が——。

「グランプリは『真夏の夜の夢』…」

うちのクラスだった。泣くつもりなんてなかったのに、涙が勝手に出て止まらなかった。

●●●全員で感動したい！

４月から、移動教室の企画委員、体育祭応援団と続けてやってきて、休む間もなく文化祭の準備。最後だから何かやりがいのあることをと思って、文化祭クラス企画委員になったものの、正直言って、進路のこともあるし、９月に入ってからやれば間に合うような展示や、とにかく楽なものがいいなー、なんて考えてた。

でも、クラスのみんなに「何がしたいか、またどうしてそれがいいのか」というアンケートを取ったら、多くの人が「舞台演劇」「クラス全員でやって感動したい」って書いていた。すごく驚いた。

それを見てもまだやる気が出なくて、先生に指示されるまま活動した。そんな私だから、夏休みの大まかな計画と大道具の係を作ったら、全部仕事をまかせてしまっていた。

それでも気になって夏休みの終わりに学校に顔を出して、HRノートを見ると、この夏休み、いろんな人が自分の時間を割いて集まっていたのが分かった。その時初めて、この文化祭は私が成功させなくちゃいけない、みんなとがんばりたいと思った。

▲ダブルキャストでハーミア役を演じた筆者。

私たちが選んだ劇は、シェイクスピアの「真夏の夜の夢」。アテネの貴族の娘ハーミアが父親の決めた婚約者との結婚を拒《こば》み、恋人と森へ駆け落ちするが、嫉《しっ》妬《と》した婚約者と彼に片思いをする娘が2人を追いかけてくる。

ところがその森の中では妖精の王と女王が喧嘩の真っ最中。女王に恥をかかされた王は家来の妖精パックに命じて「惚れ薬」を使って女王に仕返しをしようとたくらむ。ついでに2組の恋人たちをうまくまとめるつもりが、パックのドジのせいで4人の恋はめちゃくちゃ、夏の夜の森は大騒動になる。

最後は王に命じられたパックが再び「惚れ薬」を使って4人をまとめ、王と女王も仲直りし大団円…といった複雑なストーリー。1時間以上の大舞台だ。

セリフもすごく長いものばかり。ハーミア役の子が、文化祭初日と就職試験が重なり、私は、ハーミアをその子とダブルキャストでやることになった。

9月に入って、毎日残るメンバーは同じ、大道具・衣装はどんどん進んでいくのに、役者の練習はなかなか進まない。自分は今まで人にまかせっきりにしていたくせに、今頃になって「みんな残ってエ!!」なんてすごく勝手なことばかり言ったのに、うちのクラスのみんなは文句一つ言わずに協力してくれた。

役者の練習が進んできた。みんな演技派で「3組は演劇部のよう」と他のクラスから評されるほどだった。

舞台で映えるように動きもつけていく。シェイクスピア独特のむずかしいセリフ回しも自分のものになっていく。役を演じるというのは結構照れくさかったけど、みんな役に入っちゃってて、かえって中途半端にやる方が浮いちゃって、私も自然にハーミアになれた。

劇の練習は楽しかった。みんなで演技方法について話し合った。放課後残る人も増えてきた。いつも最後に掃除をしてくれる人、「下校延長願い」を書いてくれる人、そんな人の存在に気づいて感動した。

●●● 汗が光るカーテンコール

あっという間に文化祭1週間前。最後の追い込みをかけなくちゃいけない時に、私がいきなり就職試験を受けることになった。試験は文化祭2日前。文化祭は捨てて、就職試験に打ち込もうかとも思った。でも、今までやってきたことを無駄にするのか。一緒にやってきた人たちの努力を切り捨てるのか…。

私は文化祭を捨てることはできなかった。就職試験の勉強はあいてる時間で何

▲全力投球で５キロ近くも痩せた人がいた舞台。

▲カーテンコールを終えて全員で記念写真。

とかやろう。みんなと一緒に頑張ろう。これで試験に落ちても、やるだけのことはやったし、文化祭を捨てても結果は変わらない。そう確信して文化祭に打ち込んだ。

文化祭最終日には、舞台裏で「今日が最後です。ガンバロー！」とみんなで円陣を組んだ。そしてラスト。最後のパックのセリフが終わり、みんなで手をつないでカーテンコール。みんなの額には汗が光っていた。そのあと幕の後ろでは、「おつかれ〜！」の声が飛び交っていた。

●●●1人ひとりに書いた手紙

表彰式のあと、クラスのみんなで教室で打ち上げをしたとき、「クラスみんなから」と花束をもらった。すごく驚いた。とっても嬉しかったけど、私なんて係についていたというだけで、実際はいろんな人に助けてもらってできたことなのに、花束なんてもらうのは何だか申し訳なかった。一緒に委員をやった友達も同じ気持ちで、どうしようかと2人で相談した結果、「1人ひとりにお礼の手紙を書こう」と決めた。

同じ文面を印刷という形にしても良かったんだけど、1人ひとりに言いたいことも違うし、ちゃんと言いたかったから、みんなに一枚ずつ書いた。一緒に頑張ったんだということを伝えたかった。ありがとうって言いたかった。

次の日渡すと、みんなからお礼を言われたり、お返事の手紙が返ってきたり…。一緒に書いた友達と、冗談で言い合った。「ありがとうって言ってくれてありがとう」って、また書かなきゃね。

この文化祭を終えて、クラスの雰囲気が変わった。今まで話したことのない人とも話すようになった。学校が楽しくなった。将来の夢も見えてきた。今は、好きな人に会いに行く気分で学校に通っている。

（３年３組／河村　夏美）

仮装とステンドグラスの美

■――北海道・滝川高校「滝高祭」

▲衣装部門で一位になった3Gの「さらば、わが愛」。

北海道立滝川高校の文化祭「滝高祭」は毎年7月半ば過ぎに行われます。私は、全日制の講師もしているのですが、授業をしていると、その雰囲気は5月頃からひしひしと伝わってきます。

その主な取り組み内容は、

■初日――仮装パレード
■2日目――クラス発表
■3日目――一般公開

私が初めてこの滝高祭を見て驚いたのは、各クラスが競う仮装のアトラクションとステンドグラス（クラス対抗）の美しさでした。仮装の歴史は長く、もう40年以上も続いているとのこと。全校21クラスがそれぞれのテーマで取り組み、第1日目の午前中、グラウンドでアトラクション、午後は市内をパレードするというものです。

衣装はすべて生徒たちの手作りで、アトラクションはクラスで選んだ曲に合わせて創作演舞をします。昼休みなど振り付け係の生徒たちが音楽に合わせて振り付けをしている光景をよく見ますが、全員が揃って踊るのは大変だと思います。

前日のグラウンドは煌々《こうこう》とライトが照らされ、全クラスの生徒が最後の練習をします。その光景を初めて見た時、その迫力に圧倒され、生徒たちには悪いのですが、一瞬宗教団体かと思ったものです。

この仮装については、衣装の部、アトラクションの部、大道具（山車《だし》）の部での順位と

仮装パレード

1Ａ「ハイジ～アルプスの仲間たち」
1Ｂ「舞子さん」
1Ｃ「スターウォーズ」
1Ｄ「中国闘士～戦いの果てに」
1Ｅ「もののけ姫」
1Ｆ「白雪姫」
1Ｇ「フランス革命」
2Ａ「アリス＆ピーターパン」
2Ｂ「風車とチューリップの街」
2Ｃ「舞～和の輪」
2Ｄ「スペイン～進む牛、踊る女」
2Ｅ「スーパーマリオ」
2Ｆ「ベトナム～テトの祝祭に至る懐」
2Ｇ「インド王宮の儀～儚い風の中で」
3Ａ「アリランへの道」
3Ｂ「オペラ座の怪人99～初恋」
3Ｃ「妖なる幻影～狐火のゆくえ」
3Ｄ「始皇帝暗殺」
3Ｅ「クレオパトラ～私はナイル」
3Ｆ「世紀末～The Prophet of Nostradamus, 1999」
3Ｇ「さらば、わが愛～覇王別姫」

▲３Ｂの「オペラ座の怪人」

総合順位があります。

ステンドグラス（次ページ写真）は各クラス５～６人の生徒が製作にあたり、当日は21クラス分の作品が一つの教室に集められて展示されます。１９９９年のテーマは「楽園」でした。

大きさは縦１１５センチ×横１００センチ（枠があるため、実際は縦90×横70センチ）。台紙となるのはマニラボール紙で、２枚を貼り付けます。その後、下描きをし、それをカッターナイフでていねいに切り取ります。この作業はみんな真剣です（それでも間違ってしまうとか）。

この時、細かくて仕上りのわかりにくい部分は他の紙で切り取り、ＯＨＰで拡大して確認します。すべて切り取りが終了するまでに２週間くらいかかるそうです。

▲他クラスと一味違った３Ｃの「妖なる幻影」

その後、黒いスプレーをかけ、裏からセロハンなどを貼ると、完成です。

出来上がったステンドグラスはどれも実に見事で、細かい部分にまでていねいに絵筆が入り、その一つ一つの色彩が何とも鮮やかなのです。思わず息を呑む思いでシャッターを押したものです。

1年A組でステンドの責任者だった對馬多英さんに出来上がった時の感想を聞いてみると、「今までの苦労を忘れるくらい嬉しかった」とのこと。

ちなみに1Aは、1学年で唯一ステンドグラスで新人賞を取りました。仮装もステンドも上位をさらうのはやはり上級生なのですが、どのクラスもよくやっていると感心します。

ちなみに滝高祭には定時制も参加しています。毎年全学年で取り組んだ展示発表（99年は「水」がテーマ）と、不用品バザーなどをしています。

（定時制教諭／今井　雅晴）

滝高祭で全校21クラスで競うステンドグラスの美

◀99年度のテーマは「楽園」。審査は、「全体の感じ」「アイデア（独創性）」「技巧（素材の工夫、ていねいさ）」「配色・採光」を基準に行われる。

School cultural festival

第6章

体験・調査・研究ほか

大空にはばたけ、3組の連凧

東京・福生《ふっさ》高校3年3組

今年の文化祭で私たちに与えられたテーマは「思い出」だった。クラスのみんなもやる気はあったようだが、テーマに対する関心は薄く、パラパラと意見が出されると、すぐそれでいいという雰囲気になってしまった。

そんな中、担任の佐藤秀彦先生が提案したのが「連凧あげ」だった。しかし、「最後の文化祭だからみんなの心がひとつに結ばれるよう連凧を作ってあげよう。

▲黒いビニールのゴミ袋で作った連凧。

みんなが作った凧を1本の糸で結び大空高く舞いあげ、それをビデオに撮って上映しよう」と、熱っぽく話す先生の意見に賛成したのは、たった2人だった。

生徒の意見は、「何で文化祭が凧あげなんだ」「進路で忙しいんだ。残ったりしたくない」「もしあがらなかったら…」とさんざんだった。そんなわけで連凧は否決されてしまった。

ところが文化祭執行部の指導もあり、クラスで提案したビデオ上映は再検討、その後、先生の根回しもあって「連凧あげ」に決定したが、クラスの関心は一向に高まらなかった。しかし半ば強引に話は進められ、夏休みに日本橋にある凧博物館へ行ったり、9月に入ってからは近くの小学校の連凧に詳しい先生に話を聞き、教わったりしているうちに少しずつではあったが、クラスが動き始めた。

連凧は縦3、横4の割合を持つダイヤ型で、竹ひごを骨格にセロハンテープで紙を貼り、尾をつけ、中央の穴に糸を通して完成する。私たちは紙でなく、ゴミ

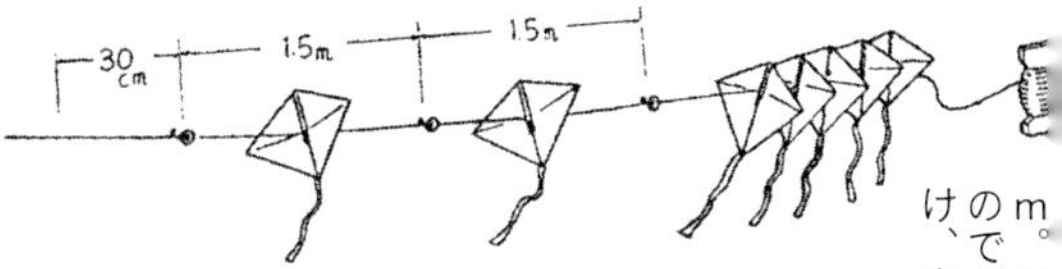

m。先頭の凧は重要なので長めの尾を2本つけ、安定させる。

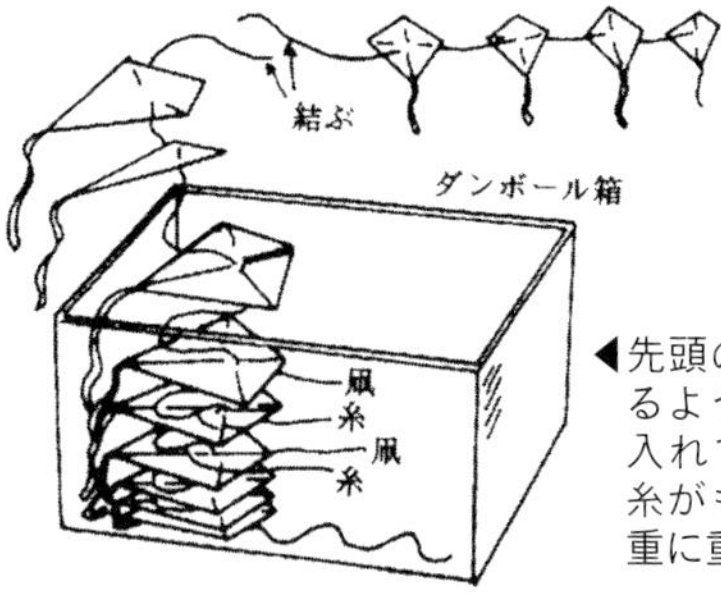

◀先頭の凧が一番上になるよう箱の中に重ねて入れておく。この時、糸がもつれないよう慎重に重ねる。

▼素材は黒いビニール袋

袋用の黒いビニール袋を使用することにしたのだが、凧そのものは小型なので、数を多く作らないとおもしろくないという。そこで目標は120枚。先生を含めてクラスは40人なので、1人3枚ずつ作ろうということになった。

しかし実際に凧をあげるにあたり問題点も浮上してきた。周辺を高い建物に囲まれている校庭のような場所は風が回ってうまくあがらないというのだ。河原であげようという先生の意見も生徒の猛反対にあい、また生活部からも校外へ出るのをとめられてしまった。

そんな不安を抱えつつも迎えた文化祭当日。凧は数がそろっていない。糸が通っていない。出来上がったのは文化祭が終了する直前だった。

その日は台風6号の影響でかなり強い風が吹いていた。118枚の凧は糸がもつれないよう、慎重に重ねて段ボールの中に入れてある。まず先頭の凧をうまく風に乗せれば、あとは次つぎ泳がせていけば先頭の凧がリードしていってくれるはずだ。

その1枚目の凧が引っ張られるように空へ舞い上がっていった。続いて2枚、3枚、4枚…凧をあげているその手にものすごい震動が伝わり、どんどん伸びていく連凧の糸に、体ごと引きづられてしまいそうだった。目標には2枚足りなかったが、1人ひとりが作った凧が空へ舞っていくのを見た時はすごく感動した。

あまりの強風で最後の1枚があがった瞬間、糸が切れてしまったが（私も手にケガ。軍手が必要！）、この風のおかげでうまくあがったのかもしれない。

高校生活最後の文化祭で、こんな経験ができたことをうれしく思う。担任の佐藤先生、感動を、思い出を、ありがとうございました。また副担任の永田先生が作製してくださった「大空にはばたけ3年3組」も素晴らしいビデオだった。これを見るたびにあの日の感動を思い出すだろう。

（3年／工藤　瑞紀）

スリル満点の逆バンジー

■ 愛知・豊橋工業高校機械科2年

▲わ〜い、空が青いよ〜っ！

逆バンジーとは、挑戦者がトランポリンの上でジャンプしていると、身体に結びつけたゴム索で上方に放り投げられるという仕掛けです。写真を見てください。ゴム索の上は鋼管製のシーソーに結びつけられており、シーソーの反対側を数人の介助者が全身のバネをきかせてロープで引っ張ると、挑戦者は空高く放り投げられるのです。

最初はこんなすごいものを造るなんて夢のようだと思いました。機械科2年生の2クラス80人がいっしょになって挑戦しました。

9月から作業を始め、間に中間テストをはさんで、本格的に製作が始まったのはテスト後の10月の中頃でした。テスト終了日から3週間後に文化祭です。一つひとつの部品をコツコツ造っていく日々が続きました。

80人が80人とも同じ日、同じ時間帯で作業できないので、1日15名から20名で作業をしようと割り振り表を作りました。目標は全員参加です。最初は人が集まらず、数人で作業する日もありました。ひどい日には3名しか来ませんでした。

でも文化祭が近づいてくると、「どの

▲20人がかりで声をかけあいながら鉄塔を立てた。

くらい進んでいる?」とか、「俺も手伝おうか」と参加する人がだんだん増えていきました。

ハンドシールドを持ってアーク溶接している顔は皆、真剣でした。遅い日は夜の9時頃まで作業している日もありました。なんだかんだ言いながらみんなひとつの目標に向かっていました。

4、5メートルの柱の上部にシーソーがついている鉄塔を地面に垂直に立てるときは20人がかりで声を合わせて何とか立てました。

▶近くの高校の女生徒も飛んでくれた。

文化祭当日がやってきました。

何らかの都合で製作に参加できなかった人でも、シーソーを引っ張る役をやって参加しました。飛び跳ねる人と、放り投げる人が呼吸を合わせた時、空中高くあがったり、宙返りができたりして、一体となって楽しめました。近くの桜ケ丘高校の女生徒もいっしょに飛んでくれ、感激でした。

（2年／加藤　元康）

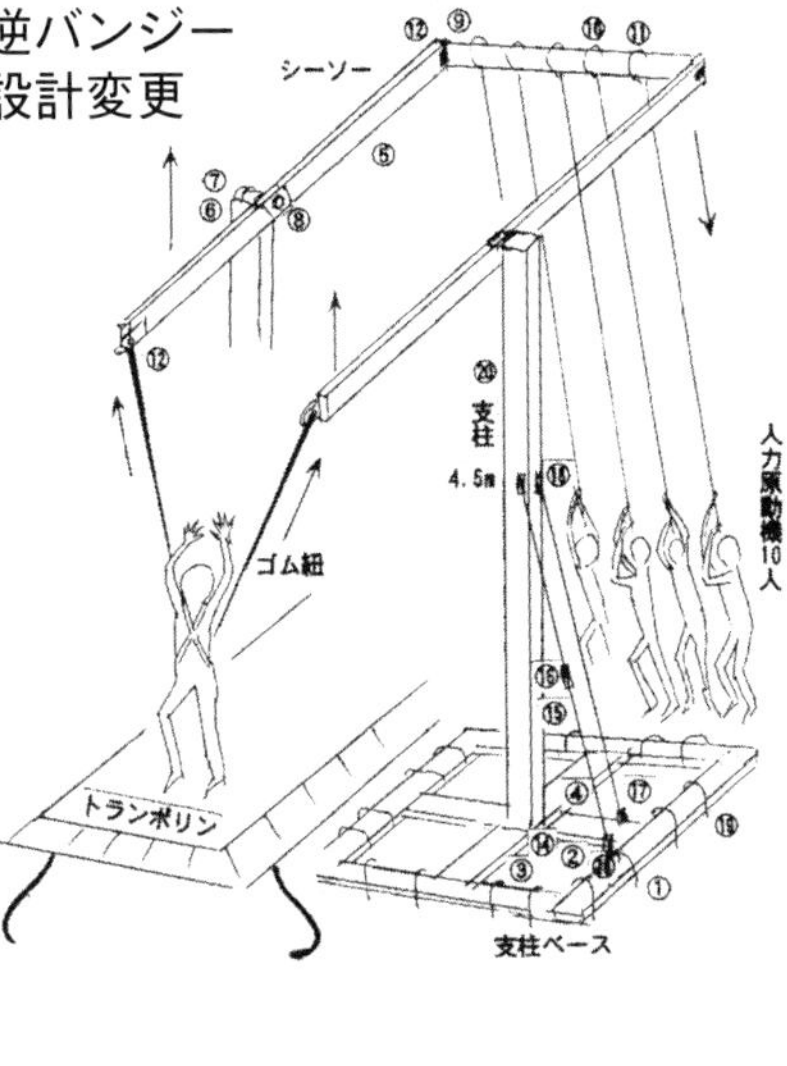

破れた気球、ついに飛んだ！

■■――兵庫・尼崎市立尼崎産業高校3年2組

澄み切った青空のもと
真っ白な「熱気球」は舞い上がった

さわやかな秋晴れの11月6日、2度の失敗を自分たちのエネルギーにし、最後まで諦めず、チャレンジ精神を貫いた生徒たちには驚かされました。

▲深夜まで頑張って修理した全長20メートルの気球がついに上がった。〔毎日新聞社提供〕

10日ほど前、試行錯誤の状態で熱気球作りはスタートしましたが、まず気球部分の生地を手配するところで大きな壁にぶつかりました。

ふくらんだ時の大きさが全長20メートル、直径15メートルのものをめざすことにしたため、大量の生地が必要で、しかも、軽量、防災、安価であるものを探すには苦労したようです。結果的には繊維メーカーから直接、購入することが決まり、生徒たちの気持ちに拍車がかかりました。

何とか生地を手に入れ、次は設計図を見ながら型紙作りの段階で、教室での作業は無理だということを知り、その日から作業の本拠地は廊下になりました。

機械科棟の廊下を1階から3階まですべて借り、生地を広げて型取りと、裁断に丸2日かかりました。生地を3種類に分けてⅠ、Ⅱ、Ⅲと名付け、それぞれ1枚の大きさが長さ7メートル、幅1メートルあるものを縫製し、あとは球状になるように縫い合わせていく。

口で言ってしまえば簡単ですが、なにせサイズが大きいため、自分が気球のどのあたりを縫っているのかがわからないまま作業を続けていたことが多かったと思います。

毎日、放課後、長時間、単調な作業の繰り返しで、計画どおり進まない焦りか

◀マチ針をつける。

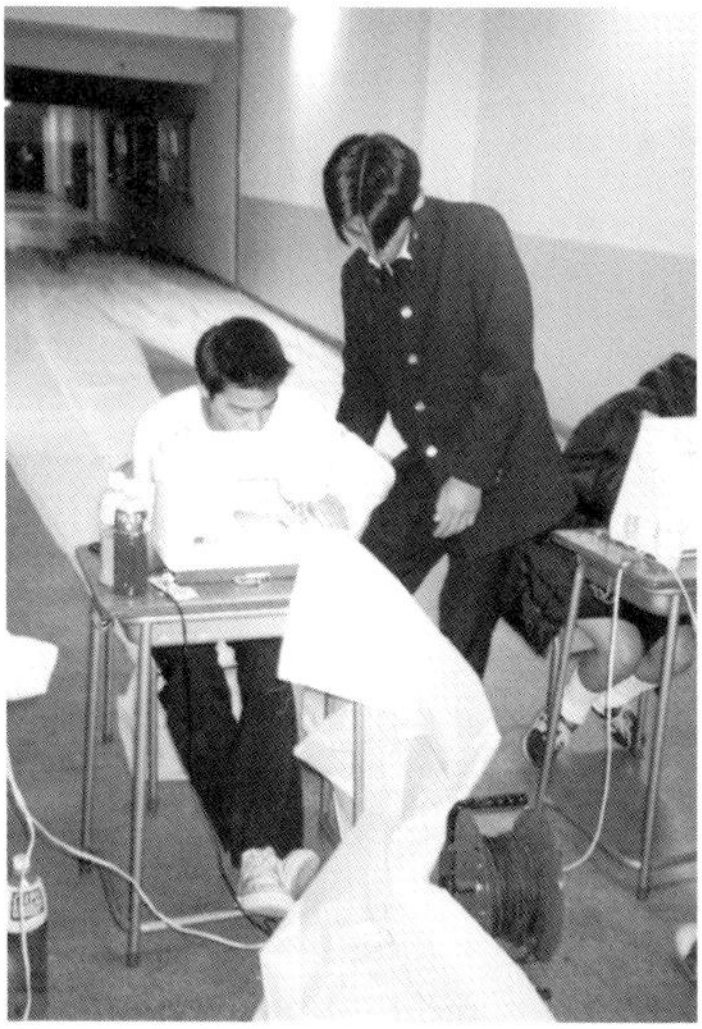

▶使ったこともないミシンを初めて使う。

ら、苛立ちを感じる者が目につきだしたのは作業を始めて4日目ぐらいでした。

なんとか文化祭前日に間に合い、テスト飛行までこぎつけました。しかし、熱気球の最も大事な熱源であるバーナーの火力が小さく、その日、気球を浮かせることは断念、明日の文化祭初日に向け、より強力なバーナーを探しました。

いよいよ文化祭初日。ところがこの日は朝から天気が悪く、木枯らしが吹きすさび、チャレンジすることにも勇気がいるほどでした。気球は強風に煽《あお》られ、無惨にもビリビリと音を立てて、10メートルほど一気に破れてしまったのです。

残すはあと1日、彼らは自分たちで最後のチャレンジを決意！　その日のことを細川婦美代さんはこう書いています。

《今日破れたところを直して、明日、絶対飛ばすって心に決めてた。思ったよりも気球はボロボロで、あんなに時間がかかるとは思っていなかった。夜中まで学校に残ったのは初めてで、ほんまにしんどかったけど、誰一人『もう、やめよう！』って言わなかったのがすごい》

深夜まで、生徒たちががんばった甲斐があって、修理が間に合い、気球があがった瞬間は本当に感無量でした。

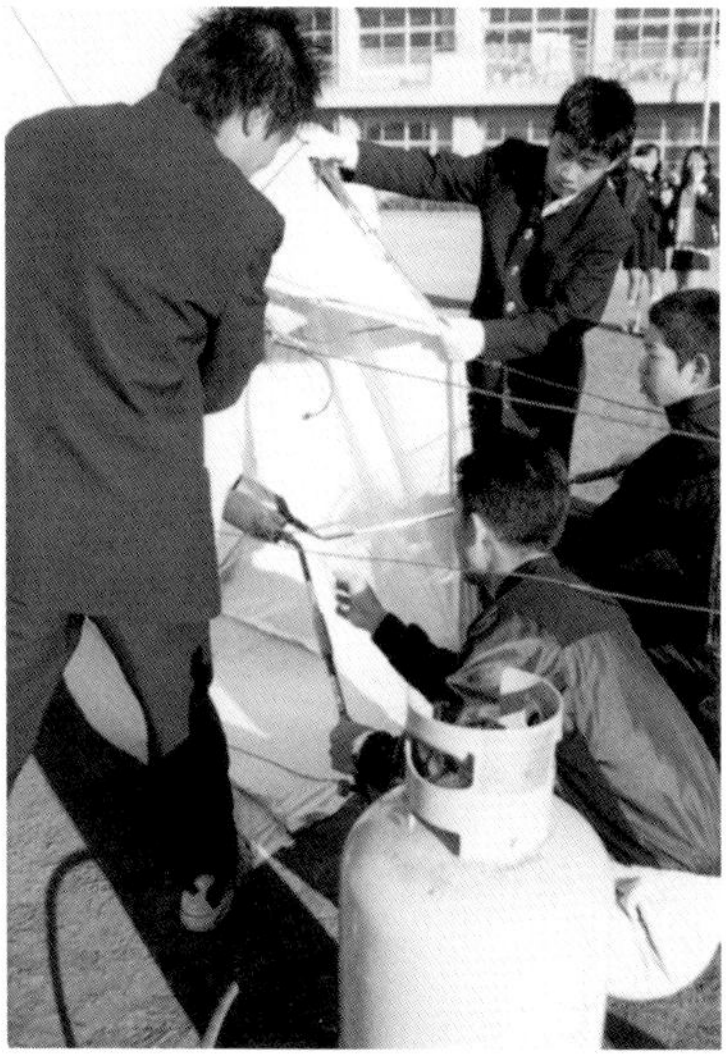

▶バーナーに着火して熱風を送る。〔毎日新聞社提供〕

「浮かんだ！　飛んだ！　みんな大喜び！　大成功の一言で、みごと金賞を獲得。この喜びは言葉では言い表せない。それほどの大きな喜びが、ぼくらの心を包み込んだ。まさに、天にも昇るここち！」

（川野　進也）

「友達って本当に宝物なんだよ。だから俺の宝はクラスなんだ」

（豆田　智彰）

みんなは実によく頑張ったし、協力してくださった皆さんにも感謝、感激でした。こんな頑張り屋のみんなといっしょに、心に残る一コマをもっとつくっていきたいと思います。

（担任／石川　一）

阪神・淡路大震災展「小石の黙示録」

■――岩手・一戸高校2学年

▲6308個の石を並べる作業は一般公開の直前まで続いた。

《6308という死者の数は数字ではたったの4文字です。しかし、実際の量はどれだけなのでしょう。犠牲者の数を小石で表わしてみようと、私たちは馬淵川原に出かけました。6308という数は、拾うのも、1個1個にナンバーリングするのも、並べるのも大変な作業でした。しかし、その1個1個に、それまでの1人ひとりの人生が詰まっていると考えた時、そしてその朝突然に、それぞれの人生を閉じていったと考えたとき、小さな小石に大きな重みを感じました》

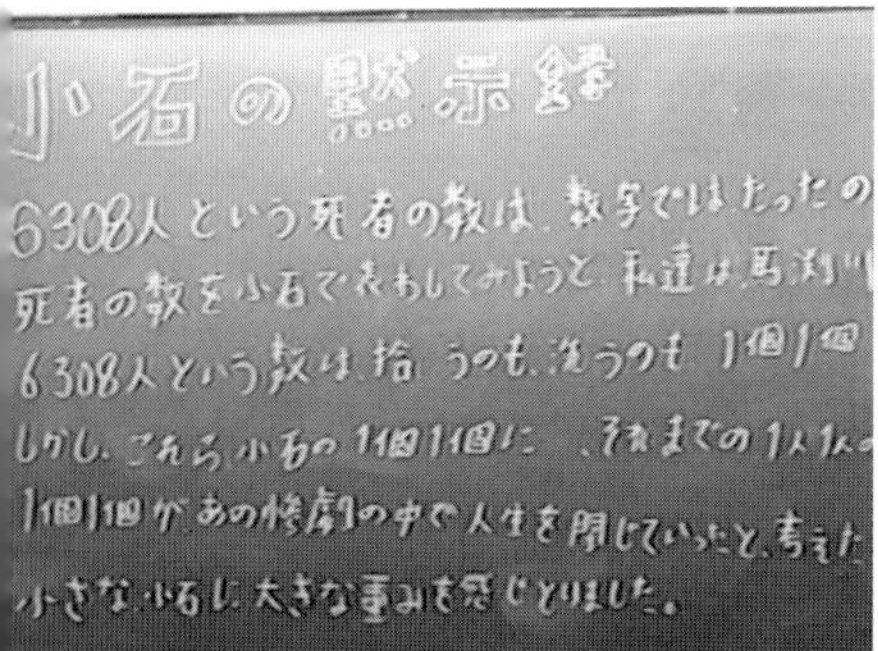

▲「石たち」の前に掲げられた言葉。

（注・6308人という犠牲者数は、アサヒグラフ95年12月号の数字です。）

97年度の2学年は、10月の文化祭（桜陵祭）の学年展のポスターで次のように呼びかけた。

《私たち2年生は、12月初めに修学旅行で神戸の街を訪れます。「がんばれ神戸」の声が国中にこだましたあの時から1000日余り。街はどうなっているでしょう？ 人々の暮らしは？ 心は？

地震国日本に住む私たちは、2年前の阪神・淡路の惨禍《さんか》を風化させてはならないと思います。私たち2学年は、修学旅行の事前学習の最初の取り組みとして、この展示を企画しました》

修学旅行と文化祭を結びつけ、訪問先の特集を事前学習の一環として企画したのは、94年の「原爆展――広島修学旅行」が最初であった。97年は震災学習を目的として神戸を訪問する予定であったので、1カ月半前の桜陵祭で、事前学習の一環として「阪神・淡路大震災展」が企画された。

桜陵祭での2学年展は各クラスの修学

旅行学習係がその準備にあたることになったが、全体にも呼びかけ、有志実行委員を募った。その結果、福祉科2年E組の生徒たちが多数準備に参加してくれることとなった。資料は、県立図書館や旅行会社から書籍・ビデオ・パンフなどを借用して模造紙に大きく書き写したり、写真は拡大カラーコピーで展示用とした。

さらに、社会科の佐々木啓先生の発案による「震災犠牲者の数を小石で表す」という企画は非常に効果的であった。これには佐々木先生担任の2年B組の生徒たちが全面協力した。6308個という小石を近くの馬淵川原から拾ってきて洗い、ナンバーリングして1個1個心を込めて展示場に並べる作業は2日目の一般公開の直前まで続いた。そして「石たち」の前に掲げられたのが冒頭の言葉である。

当日の感想文はほとんどが好意的で、震災募金もあちこちから寄せていただき14、985円になった。

募金は神戸での震災講演の際、ボランティアの方に手渡された。修学旅行から1年以上たった今もボランティアの方々から通信をいただいている。

文化祭での学年展の成功が契機となり、修学旅行の雰囲気も出てきた。学習係を中心としてB4版の「修学旅行ニュース」が事前と事後に15回発行され、後の修学旅行記に収録されて思い出が一冊となった。

（教諭／岩本　秀司）

▲被害の実態を写真とグラフなどで紹介した教室。

▶心を込めて石を並べる。

▶並べてからナンバリングすればよかった！

パネル展「闇《やみ》の動物たち」

■――愛知・安城学園高校1年13組

▲ベニヤ板16枚の色紙大貼り絵。

《こんな事実があるなんて知らなかった。本当にショックだ。何の抵抗もできない動物たちを実験に使うなんて許せない。実験員は何も感じないのか。人間として何も感じないのか。……私もいま初めてこのような事実があることを知ったので、もっとみんなにこのことを伝えるべきだと思う。この取り組みをしたクラスは素晴らしいと思う》

これは、私たち1年13組のパネル展「闇《やみ》の動物たち」を見てくれた一見学者の感想です。

私たちの通う安城学園高校は生徒数１７００名の私立女子校です。10月4、5日の学園祭は、生徒会テーマ「Life & heart～翼を広げて羽ばたこう、未知なる世界へ」のもと、クラス参加形式です。

私たち1年13組もクラス討議に入りましたが、自分たちなりに考えた企画は、「他クラスから同じような、かつダイナミックな案がすでにある」と再々検討を要求され、あっという間に1学期末を迎えてしまいました。途方に暮れていた夏休みの出校日、担任の先生から、2つの具体的アドバイスをいただきました。

一つはダイナミックなデコレーション部門の例として「色紙大貼絵」。もう一つは、漫画家・石坂啓先生作の『闇の動物たち』――「日本では化粧品・医薬品の研究開発のため、うさぎなどを実験動物として年間２０００万匹も処分している。こんな実態を調査・研究部門として発表してみては?」というものでした。

この2案をみんなに計ったものの、クラスは2分、どうにもまとまらず、結局、本校学園祭初の「2部門挑戦」を決議することになってしまいました。

先生は、準備の大変さとクラスの2分化を心配されましたが、1学期から培ってきた13組の団結力なら大丈夫！　2案とも全員で取り組むことで、生徒会からも「素晴らしい企画」と支持を取りつけました。

2学期早々の実力テスト後には大貼絵の作成作業を全員でスタート。並行して動物実験パネル展準備も民間団体に趣旨

「動物園」という名の牢獄
を生み出す構造

動物の犠牲のない暮らしへ

▲熱心に展示を見てくれる人たち。

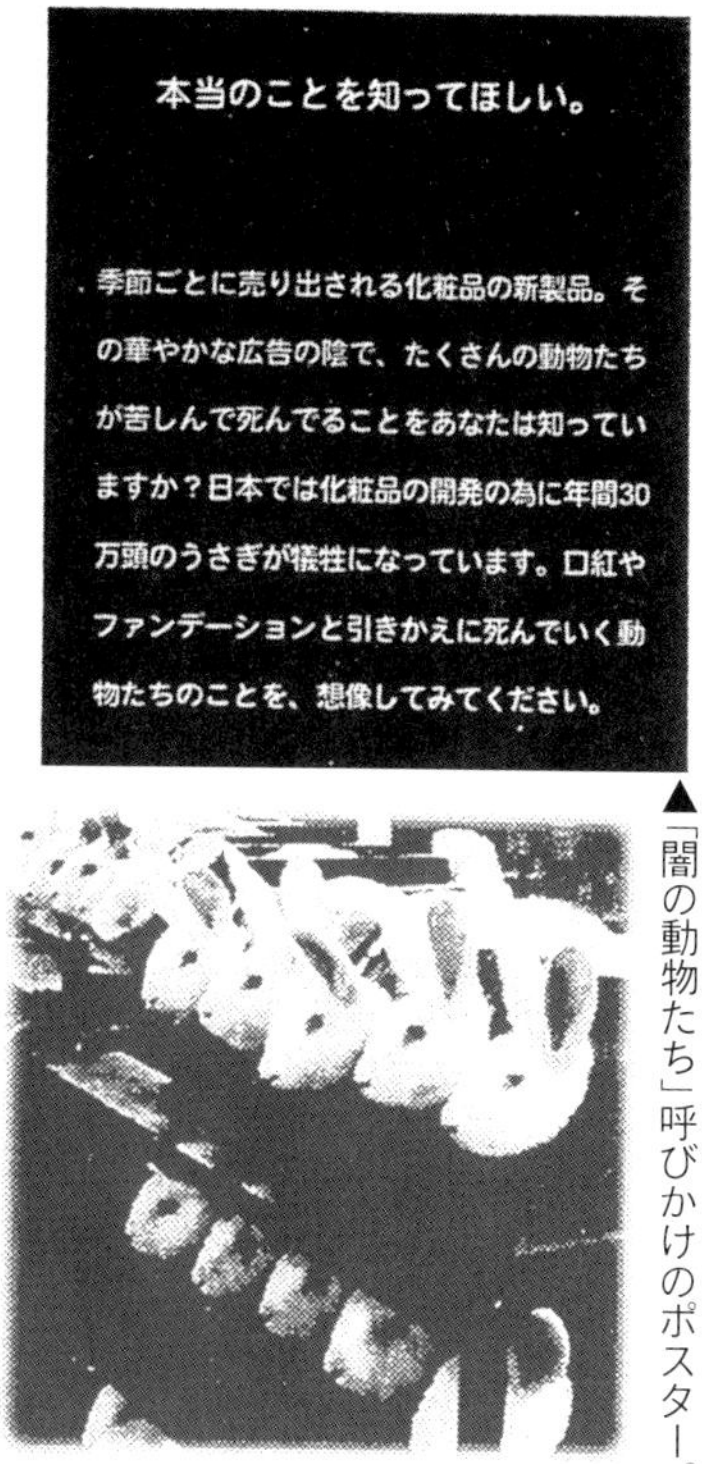
本当のことを知ってほしい。
季節ごとに売り出される化粧品の新製品。その華やかな広告の陰で、たくさんの動物たちが苦しんで死んでることをあなたは知っていますか？日本では化粧品の開発の為に年間30万頭のうさぎが犠牲になっています。口紅やファンデーションと引きかえに死んでいく動物たちのことを、想像してみてください。

▲「闇の動物たち」呼びかけのポスター。

を伝え、各種資料をいただき事前学習。熱意を理解していただき、貴重な写真パネルも本番に間に合うよう貸し出していただけることになりました。

色紙大貼絵は学園祭メインステージを飾り、動物実験パネル展は、見学者にビデオ紹介とアンケートを呼びかけた２日間でした。

２部門挑戦の学園祭を通じ、仲間と力を合わせることの大切さを知ると同時に、動物実験パネル展では、ただ「かわいそう」という思いから始めた問題が、実は私たち女子高校生の化粧問題と無関係でないこと、また、動物を含めた自然環境問題を考えさせられる奥の深い内容になったと思います。

最後にクラスメートの一人の感想を紹介します。

《私はこの学園祭で「動物実験」というものを知りました。それまで身近にいる犬や猫、うさぎなどがそんなふうに使われていたなんて全く知りませんでした。しかしこの事実に目をそらすわけにはいかないと思いました。自分に何かできることはないだろうか。今の自分には力もなく、一人で行動を起こすことはできません。でも学園祭で発表することで、一人でも多くの人にこの事実を知ってもらうようにすることが、今の私にできることだと思い、学園祭に来てくれた人にアンケートの呼びかけをしました。みなさん、快くアンケートに協力してくれ、とてもうれしかったです。今回の取り組みがきっかけで、たくさんの人たちに知ってもらえて本当に良かったです。

これからもきっかけがあったら、今回のような展示をしたいです》

（１年13組一同）

川に魚も泳ぐ「阿智の古代」風景

■■――長野・阿智高校1年C組

▲阿智の古代に変身した教室。作業は深夜までかかった。

　98年度、初めて担任を持ったクラスでの文化祭、気合いだけは十分。クラスの係の生徒たちと一人一つずつ企画書を作成するところから始め、その後クラス全員で投票、発表内容と分担が決まった。あえて多くの分担を作ったところがミソ。盛りだくさんではあるが、クラス全員が物理的に何か仕事を持てるように考えた。

〔内容〕教室に縄文・弥生・古墳時代それぞれの遺物を再現し、阿智村の古代に関するクイズをあちこちに掲示して答えてもらう。全問正解者に賞品贈呈。

〔作業分担〕竪穴式住居・高床式倉庫・前方後円墳・川・土器・背景画を製作。古代クイズ・看板を作成。

　作業開始は夏休み。しかし、実はその時点では企画の細部が全く見えておらず、しかも生徒会からの予算は1万円という条件の中、手探りのスタートとなった。

　最初のSOSは前方後円墳から。竹を割って骨組みを作るだけでも四苦八苦だったが、側面のカーブが段ボールなどではどうしてもうまく表現できない。そこで、一人のアイデアから生まれたのが「べろべろ段ボール」。段ボールを水に濡らし、1枚の紙だけはいで乾かすと、適度に堅く、しなやかな紙になるではないか！　これを骨組みに取り付けて上から新聞紙を貼り、さらに小麦粉のりを全面に塗ってから砂を付け、古墳は完成した。他の分担も同じように戸惑いながら、それでも作業は進んでいった。

　高床式倉庫は経費節減のため、柱をすべて竹で作ることになり、そこにベニヤ板を針金でつける方法に苦しんだし、竪穴式住居は取りかかりが遅く、最後はクラスみんなの手で完成までこぎつけた。

　背景画も看板もこだわって作り、クイズも地域の歴史を調べながら頑張って考えた。唯一順調に作業が進んだ土器は、野焼きこそできなかったが、当時の手法そのままで再現できた。

　そしてギリギリまで苦労したのがメインの川。教室中に教壇を並べて床全体を高くするという計画だったが、この教壇というのがハンパじゃなく重かった！　結局、学校中の教室から20個近い教壇を搬入し、配置を考え、うまく隙間を作って川を流すという作業は深夜にまで及んでしまった。水漏れ対策もいろいろ工夫し、スーパーから発泡スチロールの魚ケースをもらってきてつなげ、ビニールシートをかぶせて万全の態勢を取った。

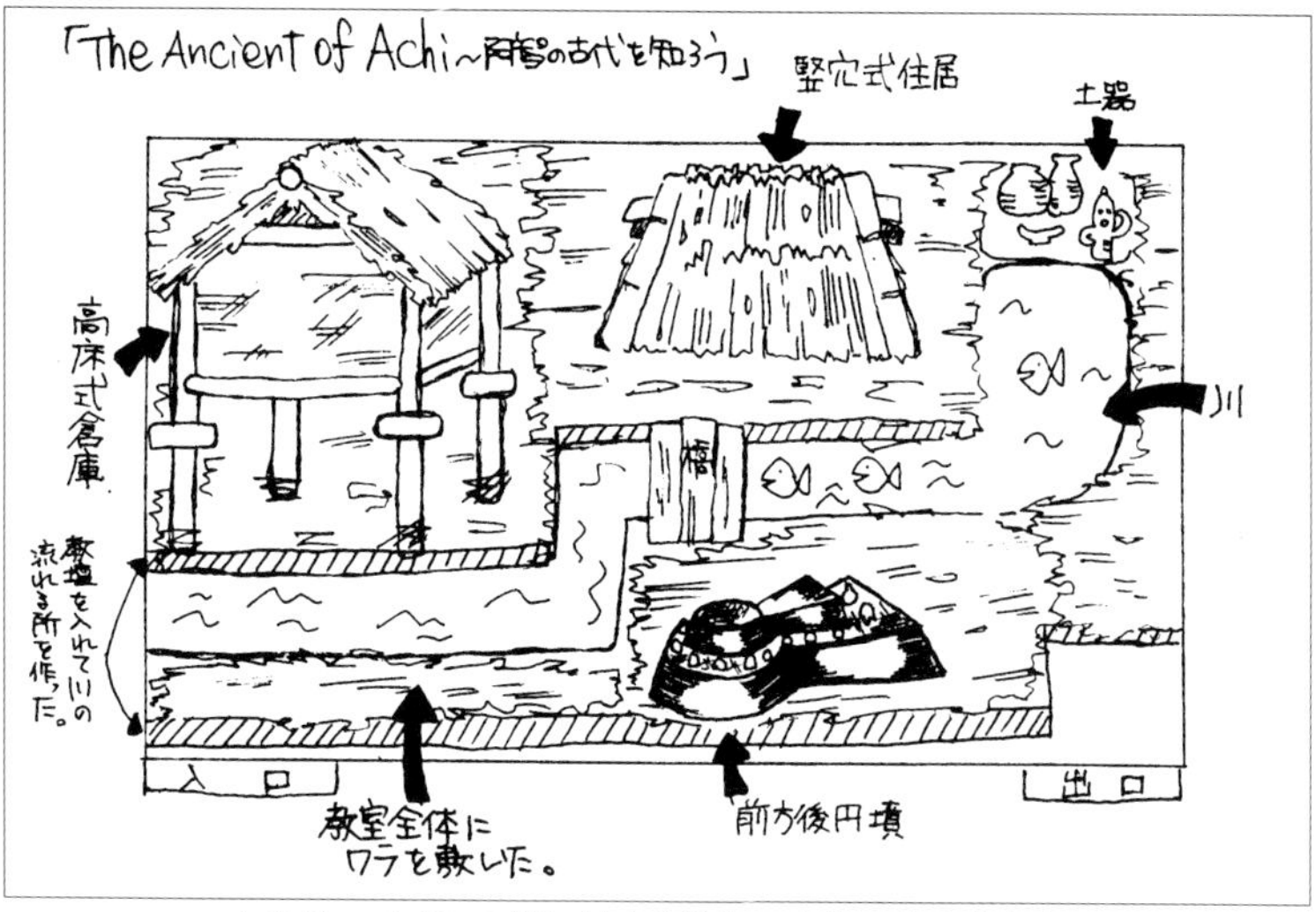

▲全景。メインの川には水を流し、本物の魚を放した。

こうして出揃った各分担の完成品を教室内に配置し、床に段ボールとワラを敷き詰め、川に水を流して迎えた当日。

生徒が釣ってきた本物の魚を川に放し、1Cのクラス展示完成！　お客さんも次々に来てくれ、生徒たちも熱心に客寄せをして、企画は大成功だった。

さらに、地元の新聞に取り上げられ、校内のクラス企画コンクールでも見事一位に選ばれるという嬉しいおまけまでついてきた。

▲ビニールシートの上にわらを敷き詰める。

今回の取り組みで、クラスが得たものの大きさは計り知れない。毎日みんなでああでもない、こうでもないと議論しながら、一心に取り組んだ時間。最後、「もう間に合わないかも」という状態から、鳥肌の立つような集中力と「一つになれた」瞬間の感動…。高校生の持つ可能性に限界なんてないんだな、とつくづく感じた。そしてこの取り組みは、次の年にも受け継がれていくことになる。

（担任／田中　聖子）

▲縄文式土器。埴輪も！

環境に優しい石けん作り

――兵庫・三木高校1年7組

今年の釜城祭のテーマは、「21世紀への架《か》け橋」。美しい地球をみんなの手で守りたいという気持ちで、7組がひとつになった。

「廃油から石けんをつくろー!」。そしてつくった石けんを販売して、できるだけ多くの人に環境問題について関心を持ってもらおう。一人ひとりの手で、環境を守らなくてはいけないというメッセージを、三木高校の1年7組から発信しよう!

そんな願いを込めて約2週間の石けん作りは始まった。

中間考査の最終日、いよいよ石けん作りのスタート。石けん作成班のメンバーは、各材料を用意して食物実習室へ集合。食堂からいただいた廃油、校務員さんに作っていただいた一斗缶、肉屋さんからいただいたヘッド、ラード、水酸化ナトリウム、ご飯、ミカンの皮(乾燥させてすりつぶしたもの)、熱湯、かき混ぜる棒。廃油だけでは固まりが悪いため、色を白っぽく仕上げたかったので動物油を混合した。

本当にこんなんで石けんが作れるのか? 汚れが落ちるのか? メンバーは作りながら半信半疑な様子…。臭いや色を見て不安は募るばかり…。

水酸化ナトリウムを廃油に入れ、熱湯を入れると泡が勢いよくモコモコと吹き上がってきた。「こぼれる!」「はやく水!」。溢れ出してしまった石けんを雑巾で拭きとり洗うと、何と見る見るうちに雑巾の汚れが落ちた。

▶動物油を混合してかき混ぜる。

▲水酸化ナトリウムを廃油に入れ、熱湯を入れると、泡が勢いよく吹き上がった。

▲クラス全員のがんばりで石けんは完売！

そして流しの中もピカピカになった！

この時、石けんの威力をメンバーたちは確信した。そしてようやく2週間目に、6リットルの油から約36リットルの石けんができた。

ラッピング班のアイデアで牛乳パックを利用して箱を作った。そしてその中に石けんを入れた。

また女子全員で、環境に優しい「アクリルたわし」を編み、石けんとセットで販売した。中には家族の協力もあり、「おばあちゃんがかわいい形のアクリルたわしを作ってくれた」という生徒もいた。

釜城祭当日、販売中に廃油のみから作った石けんが箱からこぼれ出すというハプニング！「とりあえず雑巾で拭くしかない」。焦った。そこで廃油石けんのいくつかはボツになってしまった。でも意外なところで石けんの泡立ちを実演することができた。クラス全員の協力と頑張りで見事「石けん完売」達成！

後日、「石けんの作り方を教えて欲しい」「よく落ちたわ」という保護者や地域の方の声が数多くあり、あらためて石けんパワーと石けん作りに取り組んでよかったということを実感しました。

（担任／小林　哲子）

【生徒の感想より】

★石けんが完売するというすばらしい結果になったので、すごくうれしかった。準備は忙しく、しんどかったけど、最後に感動できたのでよかったです。私の母も石けんを買っていたし、私も買ったので家で大切に使いたいです。（渓本）

★僕は石けんづくりに加わった。作り始めた時、量をはかったり棒でかき混ぜたり、モコモコと煙が出てきたり、すごい臭いだったので大変だった。できあがってからも強烈な臭いだったが、牛乳パックで作った箱に入れて売れるものになったのでよかった。全部買ってくれるのか心配だったけど、見事完売！　生徒が売ってかなり盛り上がって楽しかった。みんな頑張ったおかげだろう。（岩崎）

★みんながすごく協力的だったので、文化委員の私も大助かりでした。石けん完売を達成したことが印象に残っています。文化祭をきっかけに、クラスの輪が広がったなと実感しています。みんなと仲良く取り組めたし、みんなのいろんな面が見ることができたし。とにかく私の中は、すごく大きな行事をやり通せた満足感でいっぱいなのです。（実井）

押し花のしおりに植木鉢販売

秋田・五城目高校図書委員会

図書館の時計はもう午後の7時を回っていた。私の机の上にはたくさんの紙や鉛筆が散らかっているのだが、なかなか仕事が進まない。でも私自身で言うのもちょっぴり変だが、少し気合いが入っている。盛りだくさんの企画、そして私にとって、高校生活最後の文化祭になるからだ。

▲押し花は１枚50円で販売。

私たちは去年と同じ「古本市」、それ以外には手作りの「押し花のしおり」販売、読書週間に向けての「標語集め」の３つの企画を予定していた。学校祭まで１カ月もないのに全部の企画をやりこなせるだろうかと、正直言って不安だった。だが、やってみなければ何も進まない。

▲苦労して完成した押し花のしおりを手に！

私は学校祭に向けて全力を傾けた。

「しおり」を作るのはとても苦労した。作業が複雑なせいもあり、なかなか上手に作れない。その間、１、２年生は会場作りを頑張ってくれていた。

学校祭の前日、突然、担当の先生が「植木鉢の販売」を提案した。私たちはそれもやってみることにした。

学校祭当日は雨が降り、風が強いあいにくの天気。朝起きて空を見上げて少しブルーな気持ちになったが、今まで苦労したことを思えば、やはり張り切らざるを得ない。

いよいよ一般公開が始まった。会場には手作りのしおり、３７０冊ほどの古本が並んでいる。その隣りには「植木鉢の販売」コーナー。タイムスケジュールに従って、それぞれの持ち場につき、お客さんが来るのを私はドキドキしながら待った。

開始から10分くらいたった頃からお客さんが集まってきた。そして気づくと、会場がお客さんでいっぱいになった。こうなることを夢に見ていたが、たくさんの人が私たちの部屋に来てくれるのを見るとうれしくて、思わず少し涙が出た。

あっという間に時間は過ぎ、一般公開が終わった。

後かたづけの仕事が終わった午後6時からグラウンドで後夜祭の打ち上げ花火があがった。その花火を、私は担当の先生と見ていた。ふと横を見ると、先生の目から涙が流れていた。先生も感動していた。私もジーンとした。このことは私の高校生活にとって、絶対に忘れられない出来事になると思う。

今年の学校祭は私にとって、最高の思い出、そして「私がめざした学校祭」そのものになった。


（図書委員／**朝倉　ちひろ**）

▲押し花の作り方＝花を集めてアイロンで乾かし、ピンセットを使って接着剤で貼る。細かい作業なので大変！　3年女子が頑張り、できたしおりは約１００枚。

▲読書週間の「標語」は学校のあちこちにポスターを貼って募集。集まった作品は78点。文化祭当日、第一次審査を通過した作品を古本市会場に掲示。

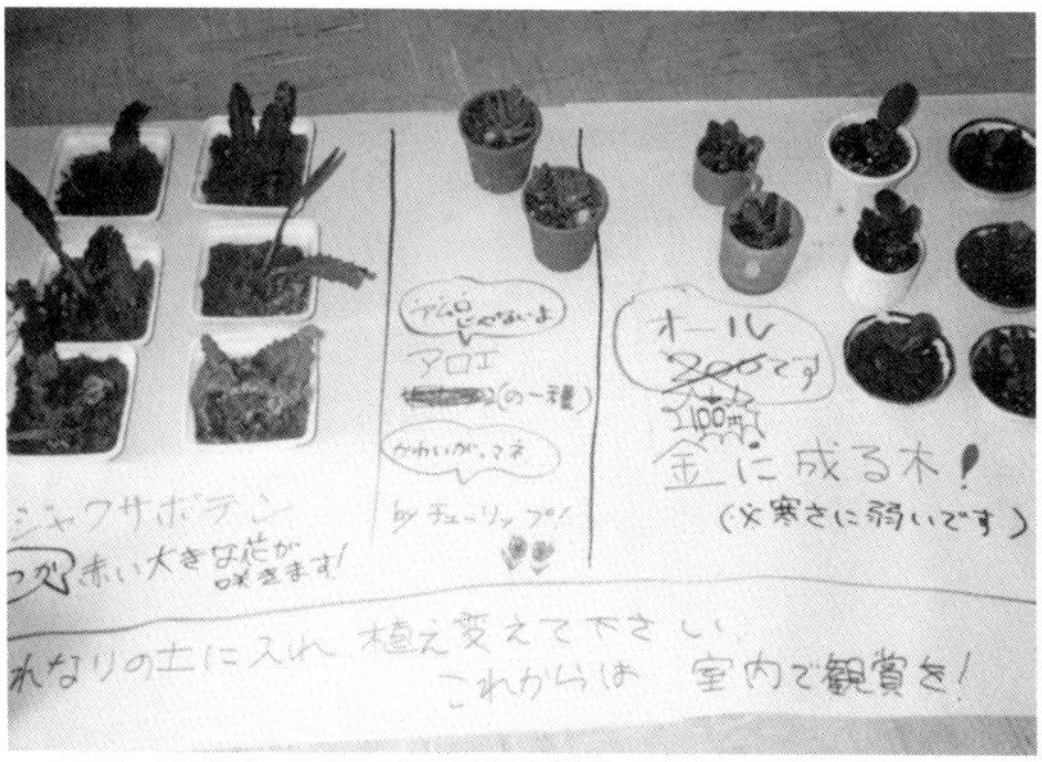

▲植木鉢販売。家にある観葉植物を挿し木にして販売。ビワの木、金のなる木、サボテン類。20鉢を完売！

◀横８×縦10メートルの紙で作った巨大モノクロ壁画。（２年３組）

危機を乗り越え、流した涙

■■——大阪・門真《かどま》西高校文化祭

私にとって高校生活最後の文化祭。先生たちに実行委員長という大役を勧められ、とまどいながらもがんばることにしました。夏休み中も何度も登校し、全員で協力して準備に励みました。

いよいよ文化祭前日という日のことです。実行委員としての仕事と、自分のクラスの準備のため、張り切って朝早く学校へ行った私の目に飛び込んできたのは……そのあまりの光景に、私は思わず泣き崩れてしまいました。

教室が荒らされており、劇で使う衣装が切り刻まれて燃やされたり（私が劇用に他校から借りてたセーラー服もカッターで切られていた）、小道具までもが壊されていたのです。何が起こったのかサッパリわからなくなって、頭の中が真っ白になりました。

「何で！　誰がやったん？　許されへん！」

文化祭は明日だし、どうしていいのか…。

そうしている間に、クラスメートたちが登校してきました。みんな唖然として教室を見ていました。どうしたらいいかわからないという気持ちだったと思います。

その時、教室に先生が来て、「このままやったら、文化祭壊しに来た奴らに負ける」と言われました。

先生から話を聞くと、どうやら夜中に何者かが侵入し、他の幾つかのクラスも被害に遭ったということです。

「ムカツク！　許さん！」

すると先生に、

「泣くのはまだ早い。終わってからや」

と言われ、泣きたいのも叫びたいのも押さえました。私は実行委員長だし、私がここで崩れたらみんなはもっと崩れるかもしれないと思い、自分で自分に〝カツ〟を入れ直しました。

後で聞くと、先生たちも朝、臨時職員会議を開き、「こんな大事件が起きたのだから、中止も検討したほうがいいのでは？」という声もある中、「こんな状況だからこそ、予定どおりやりましょう」という生徒会担当の先生の声で、実施に踏み切ることになったということでした。

この事件によって、絶対に文化祭を中止にされたくなかったので、実行委員各

▲太鼓を叩いたことがない人がほとんど。ゼロからのスタートで作り上げた舞台「魂〜32個の炎」。（３年３組）

係チーフにも〝カツ〟を入れると同時に、もっと協力してくれるよう頼みました。

その日の文化祭新聞に、私の今までの思いや、「負けないで最後までやり抜こう！」という緊急アピールを載せてもらいました。全校生徒に私と同じような気持ちを持って、文化祭に望んで欲しかったのです。

そして迎えた文化祭当日。みんな昨日の事件なんかなかったかのようでした。大成功！　被害を受けたクラスも事件に負けず、クラスが一つになっていいものを作り上げ、１日目が無事終わりました。

２日目。いよいよ私たちのクラス劇の上演です。どうやら私のクラスが一番被害が大きかったようです。それにも負けず、１日で衣装も小道具も作り直し、舞台に上がりました。みんないろんな思いを抱きながらも、劇を大成功に終わらせ、幕が閉じると、あまりの嬉しさにみんなで抱き合い、涙を流しました。

「あんな事件なんてへっちゃらさ」みたいな感じで教室へ戻り、おきまりの記念撮影。それまであまり話をしなかった友だちとも笑顔を交わすなど、クラスの雰囲気がすごく良くて嬉しかったです。

さて、アッという間に文化祭も閉会式を迎え、審査発表が始まりました。賞をもらったクラスもそうでないクラスもそれぞれ盛り上がっていました。残念ながら私のクラスは賞をもらえませんでしたが、それ以上に大切な「何か」を手に入れることができました。

その後、実行委員長としての挨拶があり、私は舞台へと上がりました。

事件のこと、準備で大変だったこと、それに先生に対する感謝の気持ちなどで胸がいっぱいになり、涙が止まらなくなってしまいました。

高校生活最後の文化祭でこんないい思い出をくれた西高生。事件後、生徒たちのために学校に泊まり込んでくれた先生たちに、私はとても感謝しています。ありがとうございました。それと最後にひとこと言わせてください。

「門真西高、最高！」

（３年・文化祭実行委員長／中川　智子）

▲暗くなるとダンスタイム。この間に顧問は後で上映するスライドを編集。

全校が感動を分かち合う後夜祭

——長野・木曽高校「谷翔祭」

本校の文化祭（谷翔祭）では、校内向けの開祭式などに放送委員、生徒会役員が撮影・編集したビデオ映像を用いてきた。

年度当初、後夜祭正副係長より、「初日の開祭式で、準備風景のビデオを上映してこれまでの準備の積み重ねの確認をするのだから、後夜祭で積み重ねの結果としての谷翔祭を振り返りたい」という希望が出され、正副係長と顧問とで実施のための検討がなされた。

まず、他のビデオ制作等で忙しい放送委員でなく、後夜祭係の生徒で対応でき、編集作業の手間がかからないものとして、デジカメを使ったスライド上映を考えた。谷翔祭期間中に撮影した絵を編集せずに投影することを考えたのだが、質（内容）の点で不安が多かった。そこで顧問がパワーポイントで編集することを提案し、取り組むこととなった。

デジカメでの撮影は発案者の副係長が担当し、準備段階から毎日撮影して、顧問がその日の撮影分をパソコンに取り込み、正副係長と顧問で使用する映像を選び、パワーポイントで編集した。

スクリーンは、体育館の白い外壁がちょうどよいことがわかり、そこを使用することとした。

後夜祭当日はファイアストームの点火までを撮影し、生徒がダンスを踊っている最中に顧問が編集し、後夜祭の締めくくりに「全校のみなさんへ、後夜祭の正副係長からプレゼントです」と、上映された。

すべての企画、係の仕事を撮影し、さらに最後に全校の映像（文化祭のPR用に撮影し、地元のケーブルテレビ局に放映してもらった）を入れて、全校生徒がスライドに映ったことになった。

また、後夜祭の最後には全校でテーマソングを歌うが、歌が全校生徒に浸透しない、歌詞を用意しても当日は持ってこない、その場で配布しても暗くて読めな

▶左がステージバック、奥に体育館があり、テーマソングの歌詞が映し出される。

▶スライド上映後、校舎の窓にステンドグラスでメッセージ。「オレらの青春、谷翔祭、みんなおつかれさま」

い等々、課題が多かった。今回はこれについても、歌詞をスクリーンに映し出すことで問題が解決した。

前夜祭、後夜祭など、文化祭の校内イベントの部分は3年生中心に盛り上がることになりやすい。その内容はにぎやかな企画が多く、裏方の仕事をしていた一般の生徒にまでスポットがあたることはほとんどなかった。

また、文化祭の映像を「3年生を送る会」や「新入生歓迎会」で振り返ることはあっても、文化祭当日、まだその熱気の最中で見ることはできなかった。今回は生徒の発案によるスライド上映で、全校で盛り上がることに加え、一人ひとりの生徒がさまざまな立場で文化祭に関わっていたことを全校で確認し、感動を分かち合う後夜祭とすることができた。

また、ビデオでなくスライドを用いたことで、職員・生徒の編集作業の負担が軽減され、しかも数十分前の映像も取り込むことができた。

本校の文化祭は昨年より「地域に目を向けた企画」「一般公開の充実」を基本方針に取り組んできた。

しかし、そのような文化祭をめざすのならば、生徒一人ひとりがどこでどのような活動をしていたのか、全校で確認する場が必要ではないか。その意味でも、今回のスライド上映は大変有効だったと思う。

（教諭／岩上　真希）

教室でヒヨコを育て「鳥の王国」

東京・農産高校2年2組

みなさんはヒヨコが誕生して食用の鶏になるまでどれくらいかかるか、また日常食べている鶏肉はおもにどこの国から輸入されているか知っていますか？

農産高校2年2組では文化祭の取り組みとして、学校で卵を孵化《ふか》させ、教室の片隅でヒヨコを育てて、「優秀賞」を受賞するという快挙をやってのけました。

そのきっかけは、新学期早々行われた園芸デザイン科のバス見学会でした。茨城県つくば市の農水省研究施設で、2人の女子生徒が3羽のヒヨコをもらって帰り、教室の後ろで飼い始めたのです。

彼女たちは夜はヒヨコを家に持って帰ってこたつで暖め、また翌朝学校につれて来る。しかし、ヒヨコはあっという間に大きくなり、やがて同僚の先生の田舎にもらわれていきました。

そんな矢先、文化祭企画をめぐってクラスの話し合い。最初に出たのは「焼鳥屋」でした。しかしちょうどその年「O157」騒ぎがあり、半生のものは企画として認められないといいます。

そこで次に考えたのが「鳥汁」。鳥といえば、ついこの間まで教室でヒヨコを飼っていた経験を思い出し、いっそのこと、教室でヒヨコを飼い、その観察記録を発表しようということになったのでした。テーマは「鳥の王国」。

さっそく2組の教室に10羽のヒヨコがもらわれてきました。一方、卵の孵化にも挑戦することにしました。

卵（有精卵）は孵卵器に入れて1日3回ひっくり返すと、約3週間でひながかえります。18個の卵を孵卵器に入れ、3人ずつ12班で観察。孵卵器の温度は38度、これがニワトリが卵を暖める温度です。

孵卵器に入れてちょうど3週間目、卵の一つにひびが入りました。「生まれるところが見たい！」という生徒の要求で、校長先生の許可を得て、その夜、女子生徒5人と私が学校に泊まることになりました。しかし、ヒヨコはいっこうに生まれてきません。それどころか、時間がたつうちにひどい悪臭が漂ってきます。おかしいと思い割ってみると、何と卵は腐って、中でガスが発生していたのです。

ひなは夜しか生まれて来ないというので、その後はビデオをセットして誕生の瞬間を記録することにしました。

不思議なのは、ヒヨコが生まれそうになると、殻の中でピヨピヨと鳴くことでした。ただ有精卵とはいえ、全部孵化するとは限らず、結局、生まれたヒヨコは18個中10羽でした。

生徒たちはその1羽1羽に名前をつけ、教室の黒板の脇に新聞紙を敷き、ベニヤで作った囲いに入れ、当番が餌と水やりをすることになりました。

授業に来る先生たちを悩ませたのはひどい臭いと、授業中ピヨピヨ鳴いてうるさいこと。そればかりか、教室を抜け出して廊下を散歩する始末です。

困り果てた末、またまた校長先生にお願いして、校舎脇にある鉄塔の跡地を持ち主に頼んで借り受け、そこに大きくなった鶏を引っ越しさせることにしました。

ところが今度は夜、野良猫が進入して大ピンチ！　囲いの脇にビニール袋に砂を詰めて積み上げるなど四苦八苦。

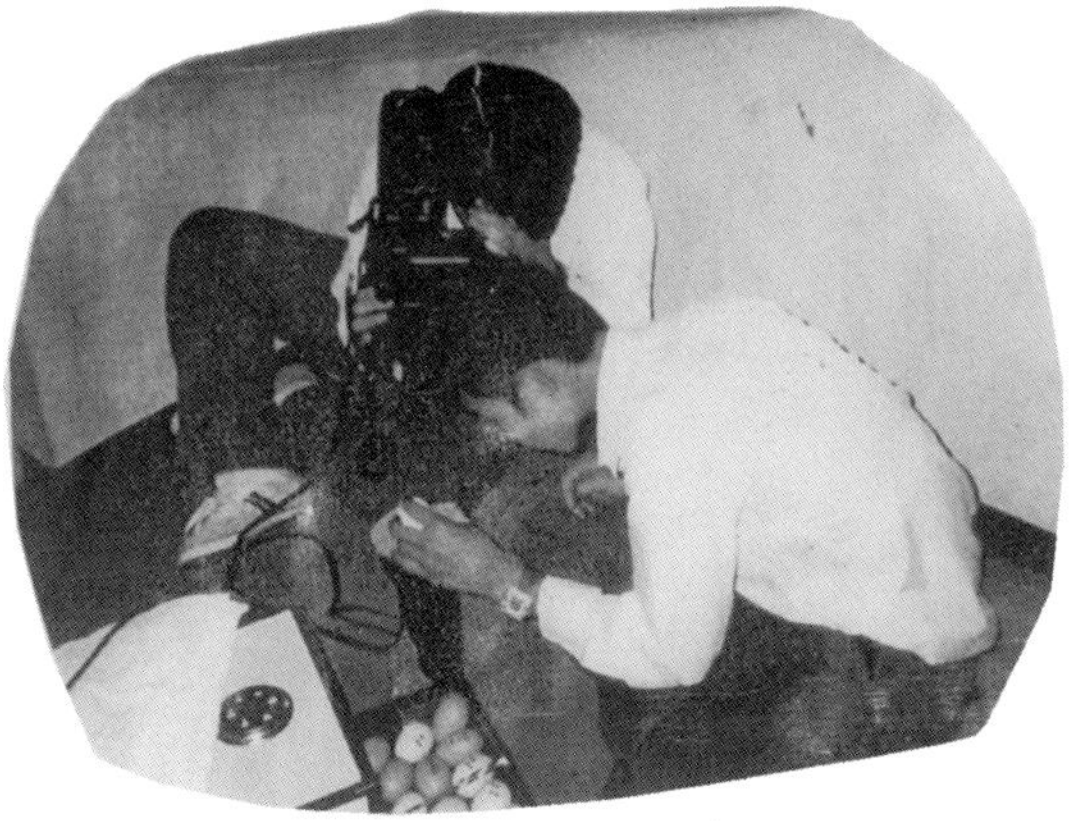

▲ひながいるか、卵を検査する。

さていよいよ、農産祭。２組の「鳥の王国」は次の4点で構成されました。

①ヒヨコの部屋＝教室の一角を柵で囲い、誕生したてのヒヨコも含め、飼育した鶏全部を公開。

②ビデオの部屋＝卵の孵化からヒヨコの誕生まで。約30分。

③展示・陳列＝ヒヨコの世話から成長の記録。鶏肉輸入の歴史と現状。輸入元のニチレイ、食鳥協会を取材。

④鳥汁の販売＝大根、にんじん、ごぼう、ねぎ入り。１杯１００円。２５０食があっという間に売り切れ。

▲１日３回ひっくり返すと３週間でひながかえる。

この奮闘で2組の「鳥の王国」は全校でただ1クラス「優秀賞」を獲得！　しかし問題が残りました。みんなで育てた鶏をどうするかという悩みです。学校で鶏に詳しい先生に相談したところ、

「食肉用のブロイラーはこれ以上飼っていると、体重が増えて足が重さに耐えられなくなる。肉もかたくなるので、食べてしまった方がいい」と。

そこで土曜日の放課後、雄と雌２羽を

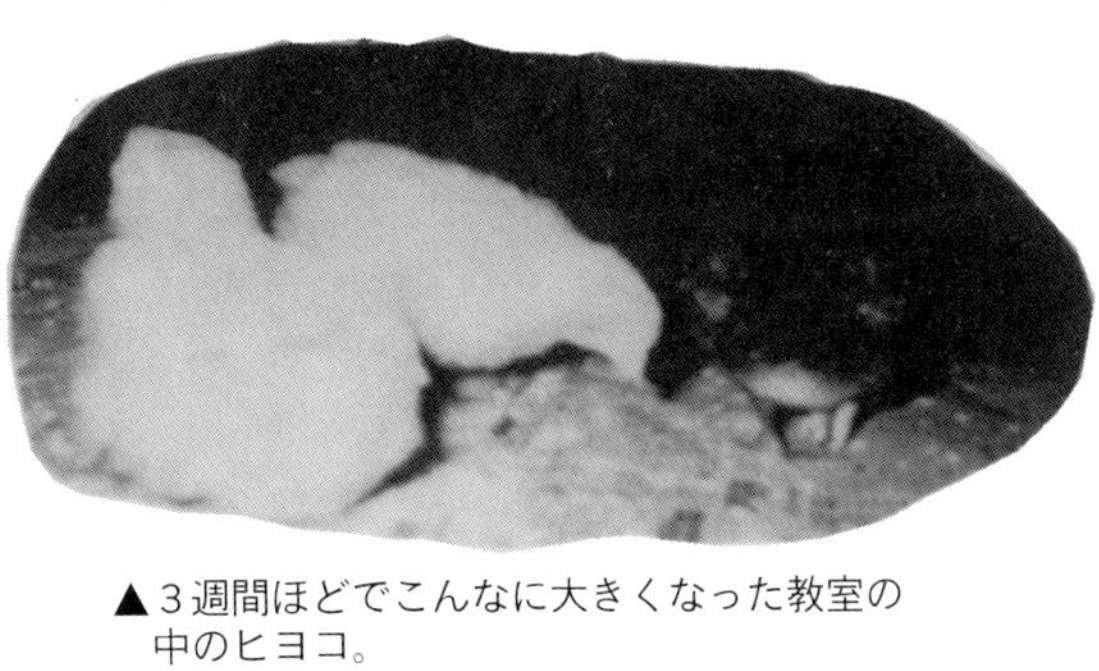

▲３週間ほどでこんなに大きくなった教室の中のヒヨコ。

▲豊年万作踊りで荒馬踊りを踊る2組の生徒。

▲本物のきねと臼でお囃子に合わせて餅つき。

つぶして鳥汁パーティーを開くことにしたのですが、これが大変な騒ぎに！

「今日、鳥をつぶしましたので、供養《くよう》も兼ねて鳥汁を食べてください」

と係の生徒が告げたとたん、

「誰が殺したんだ！」

「コツジだろ！」

「そんなことするのはコツジしかいない！」

私はすっかり悪者でした。しかし、その「供養パーティー」にはクラスの半数以上が参加。残りの鶏はその後、農産高校の農場で元気に飼われていました。

その1年後、3年2組となった彼らは最後の文化祭に「デカイ花を咲かせよう！」と、「米」をテーマに「米米クラブ」に挑戦しました。

■6月＝農場の一部を借りて田植え。植えたのは黒米、緑米、赤米など珍しい米9種。

■7月＝日本穀物検定協会へ輸入米の調査に。インドネシアへの輸出現場の見学。

■8月＝獅子舞の基礎を教わる。

■9月＝わらで作る竜作りを取材。

■10月＝食糧庁、農民連取材。稲刈り。

こうして迎えた文化祭当日。

2組の展示は教室いっぱいを使い、入り口にはわらで作った巨大な竜。中央には豊作を願う大きな花笠。バックの絵は、あかね色の田園風景の中にかかしと赤とんぼ、雀等の模型。模造紙には稲の生長など、これまでの活動記録を紹介。

さらに20種に及ぶ輸入米のサンプルや浮稲、自分たちで栽培した稲、昔、農家で使われた農機具などを展示。

教室の一角ではわら細工の実演があり、もう一方ではお雑煮の販売で大盛況。

さらに玄関では豊年万作踊りの獅子舞、荒馬踊り、南京玉すだれ、餅つき囃子などを演じ、黒山の人だかり。

この盛りだくさんの取り組みに農産高校13年ぶりという「最優秀賞」が与えられたのでした。

（担任／小辻　俊雄）

新々・文化祭企画読本

●2004年 6 月10日——————第 1 刷発行
●2014年 9 月15日——————第 6 刷発行

編　者／高 文 研
発行所／株式会社　高文研
東京都千代田区猿楽町2-1-8　〒101-0064
TEL 03-3295-3415　振替00160-6-18956
http://www.koubunken.co.jp
組　版／WEB D（ウェブ・ディー）
印刷・製本／精文堂印刷株式会社

ISBN978-4-87498-325-6　C0037